»Sehr geehrtes Arschloch!«

»Sehr geehrtes Arschloch!«

Briefe an den Regierungspräsidenten

Herausgegeben und kommentiert von
Franz-Josef Antwerpes

1. Auflage 2000

© 2000 Verlag Kiepenheuer & Witsch, Köln – Lizenzgeber: Längengrad OHG, Köln
Alle Rechte vorbehalten. Kein Teil des Werkes darf in irgendeiner Form (durch Fotografie, Mikrofilm oder ein anderes Verfahren) ohne schriftliche Genehmigung des Verlages reproduziert oder unter Verwendung elektronischer Systeme verarbeitet, vervielfältigt oder verbreitet werden.
Umschlaggestaltung: Rudolf Linn, Köln
Umschlagfoto: Sven Simon
Fotos Innenteil: Privatarchiv Antwerpes (3), Hans-G. Meisenberg, Walter Schiestel, Sven Simon (2)
Satz und Layout: Greiner & Reichel, Köln
Druck und Bindearbeiten: Ebner, Ulm
ISBN 3-462-03502-9

Inhalt

In den Briefen und Postkarten sind Fehler im Original kursiv (Brief) bzw. gerade (Postkarte) hervorgehoben. Unleserliches ist mit *** gekennzeichnet.

»Sehr geehrtes Arschloch!« – Eine kurze Einführung

Während meiner fast 22 Jahre währenden Amtszeit als Regierungspräsident in der heiligen (Behörden- und Klüngel-) Stadt Köln sind mir allerhand Briefe, Postkarten, Telegramme und Faxe geschickt worden, deren Absender mich entweder über den grünen Klee lobten oder mich auf den Blocksberg wünschten. Dazwischen gab es nichts, es sei denn Kuriosa. Mehrere Aktenordner sind in dieser Zeit entstanden, sie enthalten Beschimpfungen und kuriose Anliegen, Drohungen und Lobhudeleien, die in diesem Buch ausgewählten geben auch Zeugnis von der Befindlichkeit unserer Mitmenschen.

Ziel aller Kuriosa – der Schreibtisch des Kurfürsten.

Der Titel dieses Buches entstammt der Feder einer meiner Feinde. Er beschwerte sich nicht nur über Autobahnkontrollen – die übliche Tour –, sondern auch über meine Amtsausübung im Allgemeinen. Seine Ausführungen sind so uninteressant und auch noch so allgemein, dass es sich nicht lohnt, den gesamten Text abzudrucken, aber in dem »Sehr geehrtes …« schwingt doch auch so etwas wie Respekt mit. Hätte er etwa »Verdammtes A…« geschrieben, müßte ich sehr überlegen, ihn überhaupt positiv zu würdigen. So aber darf ich annehmen, der Schreiber besitzt offensichtlich einen Rest von Anstand.

Meine Erfahrungen mit solchen Ausdrücken sind vielfältig. So beschäftigten sich die Staatsanwaltschaften in Bonn und Mainz monatelang mit meiner These, dass die Kritiker meines 20-jährigen Jubiläumsempfangs auf Schloss Augustusburg so große Arschlöcher seien, dass man mit einem LKW hineinfahren könne. Da ich niemanden persönlich attackiert hatte, wurden die Verfahren eingestellt. Eigentlich schade, denn Sprachwissenschaftler hätten in den Prozessen sicherlich einiges Erhellende beitragen können.

Die jüngste Geschichte liegt nur Monate zurück. Ein angeblich unbescholtener Bürger wollte ständig einen Termin mit mir vereinbaren, um mir klarzumachen, warum er nicht der Vater seines Sohnes sei und auch keine DNA-Analyse machen lassen wolle. »Das wäre doch das Einfachste«, riet ich ihm. Nein, so einfach sei die Geschichte nicht, meinte der Mann. Schließlich habe er dieses Kind nicht gezeugt, daran könne er sich noch genau erinnern, auch an die Frau. Und wenn der Sohn ihm auch angeblich äußerst ähnlich sähe, das besagte noch gar nichts, die Chinesen sähen sich ja auch alle ähnlich.

Mein hartnäckigster Verfolger war ein Mann aus Moers am Niederrhein, der Heimat von Hanns Dieter Hüsch, wo so viele im Gegensatz zum übrigen Rheinland evangelisch sind. Es war ein Einwohner von Scherpenberg, einem Vorort von Moers, der an Rheinhausen grenzt. Sie werden einwenden, was das mit dem Regierungspräsidenten in Köln zu tun hat, gehört der Ort doch zum Regierungsbezirk Düsseldorf. Diese Unterscheidung konnten im übrigen Nordrhein-Westfalen ohnehin viele nicht treffen. Sie meinten, ich sei für das ganze Land zuständig, manche glaubten auch, für die Landesregierung gleich mit.

Dieser Mann aus Scherpenberg verübelte es mir, dass ich 1974 im Landtag vorgeschlagen hatte, Moers-Scherpenberg zusammen mit Rheinhausen und einigen anderen Gemeinden nach Duisburg einzugemeinden. Erst schickte er mir Postkarten adressiert ins Duisburger Rathaus, später einige an den Landtag nach Düsseldorf und ab 1978 nach Köln ins Regierungspräsidium.

Er blieb immer anonym, bediente sich einer uralten Schreibmaschine und beschimpfte mich garstig, drohte mir dann Prügel an, steigerte sich immer weiter und trachtete mir etwa ab 1980 nach dem Leben.

Vernünftigerweise hätte man annehmen müssen, er wollte mich erschießen, nein, dies hielt er für zu einfach. In einen Brunnen würde er mich werfen, der mindestens 10 Meter tief sein sollte, und so groß, dass ich darin noch eine Weile würde schwimmen können (Ich habe nur den Fahrtenschwimmer …). Meine Rufe klängen dann dumpf und hohl, so schrieb er. Auch würde er dafür sorgen, dass keiner in der Nähe wäre. So würden meine Rufe verhallen und ich elend ertrinken.

Die anderen Todesarten, die er mir postalisch androhte, will ich nicht näher beschreiben. Sie sind zu garstig, zeugen aber davon, dass der Mann Phantasie hat, sie aber nicht richtig einsetzt.

Ebenfalls postalisch, allerdings brieflich wollte mich ein anderer Bürger umbringen. Ich stünde auf seiner Todesliste an fünfter Stelle, er müsse aber zunächst die anderen abarbeiten. Gott sei Dank hatte er seine Kandidaten nicht alphabetisch geordnet, denn A wie Antwerpes kommt immer als Erster dran – das war schon in meiner Schulzeit so. Die Behörden haben schließlich dafür gesorgt, dass der Mann in eine geschlossene Anstalt gekommen ist, um ihn daran zu hindern, die Liste »abzuarbeiten«.

Ein Mann aus der Aachener Gegend beschwerte sich bei mir heftig, dass die dort Zuständigen ihn daran hinderten, städtische, staatliche, aber auch private Wälder an den Rändern zu bepflanzen. Er wollte damit einerseits den hässlichen Eindruck von nur hochstämmigen Bäumen vermeiden, andererseits hier weitgehend unbekannten Straucharten eine »faire« Chance geben. Sie sollten als Straßenbegleitgrün wirken.

Der Mann beließ es nicht bei Planspielen, er pflanzte ganz konkret Sträucher an den Rand der Wälder und betrachtete sein Werk mit äußerstem Wohlwollen. Nun mag es auf ein wenig Grün mehr oder weniger – besser allerdings mehr – nicht so sehr ankommen. Zunächst sah ich auch die Aktivitäten des Pflanzers eher positiv und wunderte mich über die scharfe Reaktion der zuständigen Behörden. Als mir aber im Laufe der nächsten Monate selbst zahlreiche Pflanzen von dem Herrn ins Büro gebracht wurden – auch seltene Steine und zwar sehr schwere Brocken –, begannen meine Zweifel zu wachsen. Ich bat den Pflanzer, von seinen Mitbringseln abzusehen und auch die ohnehin schon große Vielfalt der heimischen Pflanzenwelt zu respektieren, keine fremden Büsche einzuschleppen und auch den städtischen und staatlichen Forstbehörden nicht allzu stark bei der Arbeit zu »helfen«. Da ließ der Mann von mir ab, beklagte sich aber bitterlich über meine Reaktionen. Sein Bild, dass ich ein Mensch sei, der anderen helfe, sei nun getrübt. Immerhin bat er mich um Erlaubnis, seine veränderten Ansichten über mich Dritten, d. h. anderen Menschen mitzuteilen, was ich großzügig erlaubte. Er soll tatsächlich anschließend schlecht über mich gesprochen haben. Das Bepflanzen der Waldränder hat er aber eingestellt.

Keine schriftlichen Trümmer hat Frau Engelbrecht hinterlassen. Sie rief innerhalb von 2 Jahren ununterbrochen in meinem Büro an, wartete erst gar nicht auf eine Antwort, sondern begann gleich loszuwettern. Ihrem – Gott hab ihn selig – Ehemann habe man die Rente völlig unzulässigerweise gekürzt, sodass ihre Witwenrente darunter leiden würde. Auch habe die Kirche keinen Schlag für sie getan – vor allem Kardinal Meisner habe es an karitativem Einsatz mangeln lassen. Sie wolle sich über ihn stark beschweren. Ich riet meinem Vorzimmer, auf keinen Fall zuständig zu sein. Am besten sei es, die Dame an die vorgesetzte Stelle zu verweisen, beim Kardinal etwa an den Papst, bei der Stadt an den Oberbürgermeister. Über den beschwerte sie sich dann bei uns. Auch er sei untätig geblieben, habe nichtssagende Briefe geschrieben und sei in ihren Augen ein Schluff. Die Frau muss geradezu astronomische Summen vertelefoniert haben. Sie hatte wohl schon vor längerem ihren Wirklichkeitssinn verloren, aber wem will man das telefonisch bestätigen?

Ganz besonders geehrt gefühlt habe ich mich durch einen Brief aus Trier, der an den »Oberpräsidenten der Rheinprovinz Antwerpes Postfach Köln« gerichtet war. Es war schon immer mein Traum, Oberpräsident zu werden, eine Funktion, die durch den letzten Weltkrieg abhanden gekommen ist. Bei den Preußen hatte das Rheinland einen Oberpräsidenten in Koblenz, der war von Düsseldorf bis Saarbrücken zuständig, ein Revier, das mir immer groß genug erschien. Einer meiner Vorgänger war sogar Oberpräsident von Elsass-Lothringen, auch ein Job, der mich gereizt hätte, aber wir sind in Europa noch nicht so weit, dass man auch mal eine andere Gegend verwalten kann. Man stelle sich vor, der

Nachfolger meines Nachfolgers wäre ein Italiener namens Marcello Cathedralo und dazu noch in Uniform wie etwa die Carabinieri. Da müsste sich der Kölner Oberbürgermeister glatt verstecken.

Der Absender des Briefes aus Trier jedenfalls forderte mich auf, gegen den Chefredakteur des Trierer Volksfreundes tätig zu werden, der größten Zeitung in dortigen Landen. Von Gotteslästerung war die Rede, und das verbunden mit der Drohung, dass Gott die Häupter seiner Feinde zerschmettere und der Frevler struppigen Schädel. Gott sei Dank war nur der Chefredakteur gemeint, dem ich ein solches Schicksal aber auch nicht gönne, obwohl mir sein Charakter unbekannt ist. Immerhin war der Brief von Papst Johannes, dem 23. unterschrieben, der meines Wissens schon seit geraumer Zeit nicht mehr unter den Lebenden weilt. Derlei Unterschriften verraten die Mutlosigkeit der Schreiberlinge, zu ihren Drohungen zu stehen. Da lobe ich mir Unglimpf mit stimmiger Adresse.

Ich erinnere mich noch sehr scharf an eine Dame aus R., die mir bei allen möglichen Gelegenheiten begegnete und wechselweise ein Autogramm begehrte oder mir rote Rosen schenkte, allerdings nur einzeln. Sie himmelte mich an, saß bei Vorträgen, wo immer ich sie hielt, in der ersten Reihe (höchstens in der zweiten ...). Sie widmete mir Schriftstücke, deren Inhalt äußerst missverständlich gewesen wäre, hätte ich mein Vorzimmer nicht mittels detaillierter Berichte über die Hintergründe informiert. Eines Tages ist die Dame von mir abgefallen. Sie hat mein freundliches Lächeln auf Dauer als nicht ausreichend angesehen.

Fast 10 Jahre lang hat mich eine Rosel W. »Fürstin zu Waldeck und Pyrmont, Kaiserin von Preußen und Österreich sowie andere Titel« brieflich verfolgt. Zunächst hat sie sich an einen Herrn Schnörpel von der Autobahnpolizei im Regierungsbezirk Köln gewandt. Das war im August 1989. Sie hätte besondere Rechte, schrieb sie und wollte Kopien an einen Herrn »Rosse« schicken – vermutlich der damals kurz vor dem Ausscheiden stehende Kölner Oberstadtdirektor Kurt Rossa. Beiläufig erwähnte sie: »Falls Sie es noch nicht wissen sollten, so möchte ich Sie informieren, daß Herr Antwerpes ab September nicht mehr im Amt sein wird, da ich ihn ebenfalls entlassen habe.« Vorher hatte sie schon einen Herrn Cerny entlassen, einen harmlosen Autobahnpolizisten.

Rosel W. muss auch offensichtlich den richtigen Fürsten zu Waldeck und Pyrmont mit »allen möglichen Schreiben« belästigt haben. Selbst einen renommierten Notar hat sie für ihre Umtriebe benutzt. Der hat sich zwar gewehrt, allerdings mit dem Ergebnis, dass sie das Original als Fälschung beglaubigen ließ.

Zum Einlesen sind die ersten beiden Briefe nachfolgend abgedruckt.

Herrn Notar
Paul Elmar J.

Betr.: UR.Nr. 494/1987 co
Bezug: Ihr Schreiben vom 23. März 1987

Sehr geehrter Herr J.,
Sie haben mir auf Veranlassung von Frau
Rosel W. eine Vollmacht übersandt. Ich
möchte Ihnen mitteilen, daß ich Frau W.
nicht kenne, sondern von ihr nur seit
längerer Zeit mit allen möglichen Schreiben belästigt werde. Daher kann ich Ihre
Urkunde nur als schlechten Scherz empfin-
den und schicke Sie Ihnen hiermit zu meiner Entlastung zurück.

Mit freundlichen Grüßen
Fürst Waldeck
Wittekind Fürst zu Waldeck und Pyrmont
Fürstlich Waldecksche Hauptverwaltung

Unterschrift gefälscht von Fürst Meier
bestätigt: Fürstin Waldeck, Ehefrau
Beweis siehe richtige Unterschrift Anlage

18

Köln, den 02. Aug. 1989
Verkehrsüberwachungsbereitschaft
Polizeiautobahnstation Frechen
Bonner Straße 502
5000 Köln 51
– Herrn Schnörpel –

Az.: F/010603 vom 1.8.89 – Sch., Werner

Sehr geehrter Herr Schnörpel,
es dürfte Ihnen bekannt sein, daß meine
Söhne und ich nicht nur besondere Privi-
legien haben, sondern ganz besondere
Rechte. Ich bin nicht gewillt, Ihnen
fortlaufende schriftliche Erklärungen
hierzu abzugeben; bitte lassen Sie sich
diese heraussuchen. Außerdem verweise ich
auf das Rundschreiben Ihres obersten
Chefs Herrn *Rosse*, aus welchem Sie erse-
hen können, was Sie zu tun und zu lassen
haben.

Der Name Cerny ist mir inzwischen auch
schon bekannt, so daß ich davon ausgehen
kann, daß auch er zum Komplott derjenigen
Leute zählt, die auf uns gezielt anset-
zen. Der Mann ist seines Amtes zu entle-
digen – ebenso wie bereits eine Reihe
seiner anderen Kollegen.

Kopie ds. Schreibens geht mit gleicher
Post an Herrn *Rosse*.

Falls Sie es noch nicht wissen sollten,
so möchte ich Sie informieren, daß Herr
Antwerpes ab September nicht mehr im Amt

sein wird, da ich ihn ebenfalls entlassen
habe.

Mit verbindlichen Grüßen
Rosel W.
Fürstin zu Waldeck und Pyrmont
Kaiserin von Preußen und Österreich sowie
andere Titel

Freie Fahrt für freie Bürger? – Die Autobahnkontrollen

Ein Götz A. aus Köln riet mir, mich selbst auszuwechseln. Meine nächtlichen Autobahnkontrollen und eine Vollsperrung der Deutschen liebste Straße bei Nebel haben wohl seine bösen Reaktionen nach sich gezogen. Mich dann noch als Mann von kleinem Wuchs zu bezeichnen, geht zu weit. Schließlich bin ich einsfünfundachtzig und gehöre zu den Längsten meines Jahrgangs. Kann ich dafür, dass ich heute nur noch Mittelmaß bin, weil die Kinder zu viele Kohlehyd-

»Schwer arbeitender LKW-Fahrer« vom Regierungspräsidenten gestoppt.

rate essen oder stärkeren Reizen ausgesetzt sind und daher wie Bohnenstangen wachsen? So lauten wenigstens einige Theorien. Ob der Briefschreiber ein Riese ist, der von oben auf mich herunterschauen muß? Ich weiß es nicht.

Der nächste Brief kommt aus Bonn. Dort hat mich Kl.-Peter P. während der Dienstzeit Alkohol trinken sehen. Tatsächlich habe ich anhand meines Kalenders rekonstruieren können, dass ich am 10.12.90 mit Journalisten des Bonner General-Anzeigers zu Mittag gegessen habe und dabei wurde auch ein Schluck Wein getrunken. Ich kann dem P. versichern, dass ich nach Genuss eines Glases Wein noch Herr meines Verstandes war. Vielleicht verträgt der Einsender keinen Alkohol.

Roman L. schrieb mir, es wäre nicht so schlimm, wenn mich der Teufel noch in diesem Leben holen würde. Ich frage ihn, in welchem Leben sonst? Er fühlt sich als Autofahrer, aber auch als Steuerzahler betroffen. Ich solle auch meine »Berufung« an den Nagel hängen. Kann man das? Ich jedenfalls habe nie derlei Absichten gehabt.

Ein weiterer Einsender, der noch nicht einmal meinen Namen richtig schreiben kann (»Anthwerpes«), hält mich für die größte Pfeife, will freie Fahrt für freie Bürger und lässt sich nicht von irgendwelchen Hohlköpfen, zu denen er auch mich zählt, gängeln. Ich solle die Linksfahrer zur Kasse bitten und dann erst mein Großmaul aufreißen, aber in gemäßigtem Ton, schreibt er.

W. und Emmy N. wiederum finden meine Aktionen zur Sicherheit des Straßenverkehrs sehr gut.

Einer bezeichnet mich als Fasanenwilderer und auch noch als Raser. Die CDU fordere meinen Rücktritt, zudem ich ein ungläubiger SPD-Fritze sei, meint Bernd J. G. …

Schließlich meldet sich ein Herr K., der meinen Namen noch falscher schreibt (»Anthwherpes«), ich hätte nicht das Recht, »schwer arbeitende« LKW-Fahrer abzukassieren.

Interessanterweise haben sich bei den Autobahnkontrollen über 90% der Autofahrer lobend geäußert, doch gegen den Rest, vor allem wenn selbiger zur Feder greift, ist man machtlos. Ich erinnere mich noch daran, dass ein Porsche-fahrer, den wir nächtens an einer Raststätte anhielten, sich darüber beschwerte, ich hielte die Hände in der Tasche, während er mit mir redete. Ich habe die Hände langsam aus der Tasche genommen und mich gefragt, ob ich vor laufen-den Kameras den Mann bezichtigen sollte, er hätte eine Art Schlafanzug an, da sei besondere Höflichkeit nicht erforder-lich. Tatsächlich trug er einen auffälligen Trainingsanzug mit allerlei Werbung, so wie ihn Rennfahrer zu tragen pfle-gen. Ich habe die Klappe gehalten, weil das etwas zu arro-gant gewirkt hätte. Heute denke ich, dass ich ihm am besten den Schlafanzug über die Ohren gezogen hätte, doch das hätte mir Mühe bereitet, denn die Ohren standen etwas ab.

21.01 1994

Herrn Regierungspräsidenten
Antwerpes
Zeughaus Str. 2
5000 Köln 1
============

20. Januar 1994

Sehr geehrter Herr Antwerpes ,

den Tageszeitungen entnehme ich, dass Sie einige
Leute Ihres Hauses ausgewechselt haben, nachdem
man Ihnen mehr als eine Steuermillion geklaut hat.

Es wäre mit Sicherheit besser gewesen wenn Sie sich
selbst ausgewechselt hätten. Sie sind aus der Sicht
der meisten Bürger dieser Stadt flüssiger als flüs-
sig, nämlich überflüssig.

Ein Mann von sehr kleinem Wuchs der nachts ganze
Autobahnen sperren lässt und sich selbst im Einsatz
betätigt um dann vier oder fünf Führerscheine zu
kassieren, der sollte sich aus meiner Sicht zunächst
einmal in ärztliche Behandlung begeben. Es gibt bestimmt Möglichkeiten Ihnen zu helfen.

Nur an die Stelle an der Sie sich befinden gehören
Sie nicht. Da Sie aber freiwillig nicht gehen werden , so muß man Sie wohl weiter ertragen wie so
viele viele andere Politiker die meistens erst dann
gehen, wenn der Staatsanwalt seine Ermittelungen
beginnt.

Warum man Ihnen das Geld nicht von Ihrer Pension
abzieht verstehe ich nicht.

Hochachtungsvoll

Beschwerden wie diese füllen mehrere Aktenordner.

24

Götz A.
Industriekaufmann

Herrn Regierungspräsidenten
Antwerpes
Zeughaus Str. 2
5000 Köln 1
20. Januar 1994

Sehr geehrter Herr Antwerpes,

den Tageszeitungen entnehme ich, dass Sie
einige Leute Ihres Hauses ausgewechselt
haben, nachdem man Ihnen mehr als eine
Steuermillion geklaut hat.
Es wäre mit Sicherheit besser gewesen
wenn sie sich selbst ausgewechselt hätten. Sie sind aus der Sicht der meisten
Bürger dieser Stadt flüssiger als flüs-
sig, nämlich überflüssig.
Ein Mann von sehr kleinem Wuchs der
nachts ganze Autobahnen sperren lässt und
sich selbst im Einsatz betätigt um dann
vier oder fünf Führerscheine zu kassieren, der sollte sich aus meiner Sicht
zunächst einmal in ärztliche Behandlung
begeben. Es gibt bestimmt Möglichkeiten
Ihnen zu helfen.
Nur an die Stelle an der Sie sich befinden gehören Sie nicht. Da Sie aber freiwillig nicht gehen werden, so muß man Sie
wohl weiter ertragen wie so viele viele
andere Politiker die meistens erst dann
gehen, wenn der Staatsanwalt seine *Ermittelungen* beginnt.

Warum man Ihnen das Geld nicht von Ihrer
Pension abzieht verstehe ich nicht.

Hochachtungsvoll

Herrn
Dr. J. Antwerpes
c/o Regierungspräsidium
Zeughaus
5000 Köln 1

10.12.1990

Sehr geehrter Herr Dr. Antwerpes,

wenn auch nicht alle von Ihnen getroffe-
nen Maßnahmen meinen Beifall fanden, so
habe ich doch mit Genugtuung von Ihrer
letzten Aktion gegen den Alkohol am
Steuer, v. 7.12.90 gelesen.
Leider mußte ich heute sehen, wie Sie
Herr Dr. Antwerpes in einem Restaurant in
Bonn während Ihrer Dienstzeit Alkohol
tranken. Als Staatsbürger, und damit als
Ihr Arbeitgeber muß ich dies verurtei-
len, schließlich werden Sie u.a. dafür
bezahlt, daß Sie während Ihrer Dienstzeit
teilweise recht folgenschwere Entscheidungen treffen. Sicher sind Sie mit mir
einer Meinung, daß sich der Inhaber eines
solchen Amtes während der Dienstzeit *dem*
Genuß alkoholischer Getränke völlig ver-
sagen sollte.
Wie schnell können Fehlentscheidungen
getroffen werden, wenn man durch den
Genuß von Berauschungsmitteln nicht mehr
ganz Herr seines Verstandes ist.

Mit freundlichen Grüßen

Kl.-Peter P.

Dr. Franz J. Antwerpes

... es wäre nicht so schlimm wenn Sie der
Teufel noch in diesem Leben holen würde.
Ein Fernseh-Zuschauer

- Bürger Nordrhein-Westfalens
- Autofahrer
- Steuerzahler
- Sie sollten Ihre Berufung an den Nagel
hängen.
- Sie schaden nur!

Roman L.

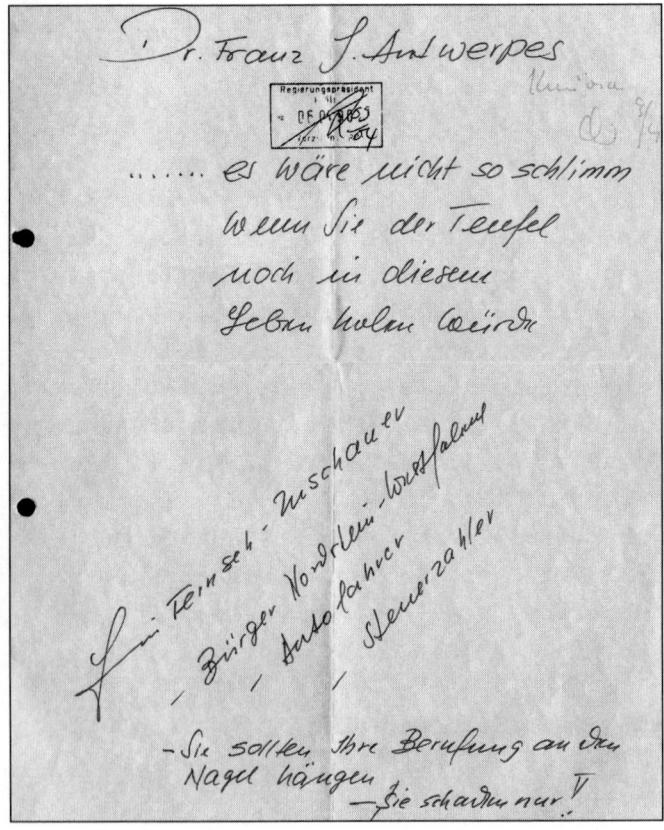

An den Regierungspräsident
Herrn Franz Josef *Anthwerpes*
Postfach
5000 Köln 1
11.12.91

Sehr geehrter Herr Regierungspräsident!

Wie in der Presse so im Fernsehen versuchen Sie Herr Präsident sich gerne in der Öffentlichkeit mit *großem* Sprüchen und wenig geistreichen Argumenten zu präsentieren. Aus Ihrem Großmaul kommt gegenüber den Autofahrern nur blanker Hass, und wo Sie nur mit Schikanen aufwarten können, *tuen* Sie es. In meinen Augen sind Sie nicht nur ein Politiker mit wenig Geist und Hirn, Sie sind für mich auch die größte Pfeife! Wer Sie zum Regierungspräsidenten von Köln gemacht hat, kann nur ein Typ gewesen sein, der mit Dummheit gesegnet war. Bevor Sie mit Ihrem Lästermaul versuchen Herr Präsident, Autofahrer durch Ihre Beamten zu kontrollieren bzw. sich selbst als Wegelagerer auf Autobahnrastplätzen zu artikulieren, sollten Sie und *allen* übrigen Politiker sich zunächst einmal an die eigene Nase fassen, und an Ihr Gewissen *appelieren*! Politiker glauben, wenn sie in ihren Dienstkutschen gefahren werden die von *Steuergelder* finanziert werden, sich nicht an die Spielregeln halten *zumüssen*. Ich habe es selbst schon oft genug erlebt *das* Fahrzeuge von der Regierung sich aber über alle erdenklichen

Verkehrsregeln und Geschwindigkeitsbe-
schränkungen *hinweg setzen*. Also mein
lieber Herr *Anthwerpes*, so geht es nicht.
Halten Sie uns nicht für Vollidioten, und
bevormunden lassen wir uns schon *garnicht*
von einer kleinen Minderheit beschränkter
Politiker und Beamten. Es gilt noch immer
der Grundsatz, *frei* Fahrt für freie Bürger! Wir lassen es uns nicht *bieten*, von
irgendwelchen Hohlköpfen und dazu zähle
ich auch Sie, gängeln *zulassen*. Noch be-
stimmen wir die Richtlinien, und kein
Politiker und kein Beamter wird uns jemals an *unsere* Fahrweise hindern. Sorgen
Sie Herr Regierungspräsident erst einmal
dafür, daß in Ihrem Ressort die Gesetze
was die Fahrweise anbetrifft, eingehalten
wird, und sehen Sie zu, *das* auf Autobahnen die Linksfahrer zur Kasse gebeten
werden, dann erst können Sie Ihr Großmaul
aufreißen. Aber bitte im gemäßigten Ton!
Setzen Sie sich also nicht so sehr ins
Rampenlicht, denn dadurch werden Sie sich
bestimmt keine Freunde, sondern im Gegen-
teil, sehr viel Feinde schaffen; die Sie
sicherlich bereits in genügendem Maße
haben werden. Verbote nützen überhaupt
nicht. Verbote schaffen nur noch größere
Agressivitäten bei den Autofahrern, und
das mit *recht*.

Mit freundlichen Grüßen

(Eingang 24.02.95)

Sehr geehrter Herr Dr. Antwerpes!

Ihre Aktionen zur Sicherheit des
Straßenverkehrs sind sehr gut. »Wer
nicht hören will, muß fühlen«.

Freundlichen Gruß
Emmy N.
W. N.

An den Regierungspräsident
Herrn Franz Josef Anthwerpes
Postfach

5000 Köln 1

15.11.95

Hallo Du Fasanenwilderer
wegen meiner Karre zieh' ich Dir und
den TÜV Gutachtern Rheinland e.V.
wegen Raserei die Nase bei den Markt-
weibern hoch. Du bist der »Schuldi-
gern«, der alles zahlt wir die CDU
fordern Deinen Rücktritt – Du Ungläubiger SPD-Fritze.

i. A. Bernd J. G.

Tünnes
Franz-Josef Antwerpes
Regierungspräsident
Dommauer 12

5000 Köln 1

Mein lieber Sohn Antwerpes,

Sie als Arbeitsloser haben nicht das
Recht schwer arbeitende Lkw-Fahrer
abzukassieren und sind sicher selber
der Sauberste (Blutproben).

An Herrn
Anthwherpes
Rathaus

Mit lieben Grüßen

Karl Helmut K.

5 Köln 1

Die Fürstin meldet sich zurück

Die Fürstin zu Waldeck und Pyrmont brachte sich Anfang 1990 in Erinnerung. Sie hatte sich entschlossen, nunmehr den Präsidenten der Oberpostdirektion Köln, Herrn Dr. Neuhoff, zu entlassen, ebenfalls den Leiter eines Postamtes und – wie milde – den Briefzusteller Wildhagen zu versetzen. Briefe seien nicht angekommen, Geld von anderen Personen abgehoben worden. Deswegen betreibe sie neben den Entlassungen Haftbefehle gegen den Präsidenten des Amts- und Landgerichts und gegen den Generalstaatsanwalt. Mittlerweile hatte sich die Fürstin zur Kaiserin und Königin verschiedener Länder Europas ausgerufen.

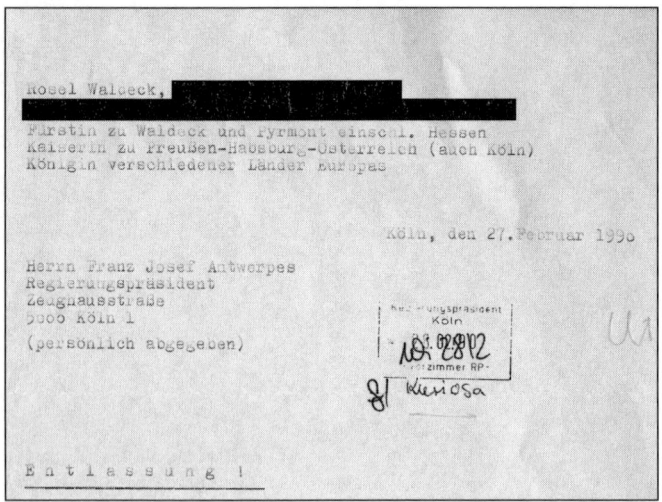

Mehr Titel als der Regierungspräsident ...

Hochwohlgeboren entschied sich 6 Wochen später, mich zu entlassen, und forderte mich dazu auf, sofort meine Amtsräume zu verlassen. Weder sie noch ihr Mann hätten mich ernannt. Die Postschaft wurde angeblich persönlich abgegeben und eine Kopie an den Innenminister geschickt. In der Unterschrift verewigte sich die Gute neuerdings als Kaiserin u. a. von Köln.

Köln, den 16. Jan. 1990
Herrn Uhlenküken
Oberstadtdirektor
Herrn OB Burger
Herrn RP Dr. Antwerpes

Entlassung Dr. Neuhoff, Präsident der
Post, Köln 41, Eupener Str. 80
- Amts-Direktor Becker, Köln 30, Ehren-
feldgürtel 1125
- Leiter des Postamtes Köln-Chorweiler,
Herr Warnat
- Herr Schopen, Leiter des Fernmeldewe-
sens
- Herr Jordan, Amtsvorsteher, Marzellen-
straße 3-5
Versetzung Briefzusteller Wildhagen

Sehr geehrte Herren,

da ich seit 10 bis 20 Jahren durch die
Machenschaften der Post im Briefverkehr,
Zahlungswesen und per Telefon hermetisch
von meinem Verwandten und Ehemann Fürst
zu Waldeck, 3548 Arolsen, Kreis Korbach
abgetrennt wurde (Briefe mit wichtigen
Informationen kamen nicht an, so daß ich
bei den Banken kein Geld abheben kann;
telefonisch kommen keine Ferngespräche
bei mir an, damit Verwandte und ganz
besonders der Frust mich nicht erreichen
und informieren kann; Überweisungen per
Post kamen nicht an bzw. wurden durch
andere Personen abgehoben (diese verant-
wortliche Person ist im Betreff jedoch

nicht benannt, da ich sie nicht ermitteln
kann).
Das Gericht und die Staatsanwaltschaft
hat nichts unternommen, so daß diese
Kerle sich ihr Spiel erlauben konnten;
nun habe ich Haftbefehle für Herrn Wohl-
nick, Präsident des Amts- und Landgerichts und für den Generalstaatsanwalt
des OLG in Köln bei der Generalstaats-
anwaltschaft in Frankfurt gestellt, die
auch berücksichtigt werden, da ich wohn-
rechtlich ebenfalls nach Hessen gehöre.
In Frankfurt laufen inzwischen viele Verfahren zusammen, so daß ich Ihnen vorab
den guten Rat geben möchte, die namhaft-
gemachten Herren zu entlassen, um Sie
aus der Sache herauszuhalten (Herr Burger
und Herr Antwerpes waren schon einmal
die Opfer für andere, wogegen ja doch
schließlich Herr Rossa zu Recht gehen
mußte).
Wir möchten in diesem Fall von unserem
außergewöhnlichen Hoheitsrecht Gebrauch
machen, so daß wir die Angelegenheit weder
nach Düsseldorf noch nach Bonn zu übergeben haben und auf Kölsch erledigen können.

Mit verbindlichen Grüßen

R. W.

Fürstin zu Waldeck und Pyrmont einschl.
Hessen
Kaiserin zu Preußen-Habsburg-Österreich
(auch Köln)
Königin verschiedener Länder Europas

Köln, den 27. Februar 1990
Herrn Franz Josef Antwerpes
Regierungspräsident
Zeughausstraße
5000 Köln 1
(persönlich abgegeben)

Entlassung!

Herr Antwerpes, es hat sich rundherum
gezeigt, daß Sie massiv gegen mich und
meinen Ehemann Fürst zu Waldeck, 3548
Arolsen, arbeiten.
So zum Beispiel unterstützen Sie voll und
gnaz den falschen Fürsten Meier und Frau
Adelheid Tobias, die sich als Fürstin Waldeck hier in Köln und Umgebung ausgibt.
Es ist nicht notwendig, näher auf das
Thema einzugehen!
Bei dieser Gelegenheit möchte ich Sie
fragen, wieso Sie überhaupt zu der Posi-
tion Regierungspräsident gekommen sind,
da weder mein Mann noch die Unterzeichnete Sie dazu ernannt haben (?).
Bitte verlassen Sie sofort die Amtsräume;
falls Sie dazu nicht bereit sein sollten,
wird sich das Landeskriminalamt in Düsseldorf einschalten und Sie mit einer Straf-
anzeige seitens der Rechtsanwälte vom
Fürst zu Waldeck zu rechnen haben.
Gezeichnet:
Luzie Rosa W.

(einfache Unterschrift rechtsgültig)
Kopie ds. Schrb. an Herrn Schnoor zur
Information und Mitkenntnis.

Fürstin zu Waldeck und Pyrmont einschl.
Hessen
Kaiserin zu Preußen-Habsburg-Österreich
(auch Köln)
Königin verschiedener Länder Europas

Seltsamer Postkartenregen

Meistens befinden sich Verrückte oder die, die man dafür hält, am Rande der Seltsamkeit. Man muß aber vorher das Normale scharf definieren, um bestimmte Ereignisse oder Aktionen richtig einzuordnen.

Eines Tages wurde ich Opfer einer Postkartenaktion, die sich wohl ein ehemaliger Mitarbeiter ausgedacht hatte. Er könnte sich auch für einen ehemaligen Mitarbeiter ausgegeben haben, aber meine Menschenkenntnis neigt dazu, dass er tatsächlich früher in sogar exponierter Funktion tätig gewesen sein muss und zwar durchweg unauffällig. Ich erhielt unverhofft eine Postkarte aus Österreich, die als Adresse u. a. »Aller-Wertester Dr. Franz-Josef Antwerpes« trug und mit dem Satz »Als ehemaliger Teil Ihres Amtes sende« endete und gleichen Tags landete eine zweite Postkarte auf meinem Schreibtisch, die den unterbrochenen Satz fortführte und »Grüße aus Graz« enthielt. Aber auch diese Karte brach jäh ab und zwar bei »die ersten Straßencafés«. Eine weitere Karte vermittelte mir, dass selbige, nämlich die Cafés, »ab dieser Woche geöffnet sind«. Auch die dritte Postkarte kam nicht zu Ende. Es folgten auch im Laufe der nächsten Tage weitere als Fortsetzungsroman. Die sechste enthielt noch »Untherthänigste und Ehr-Fürchtigste Grüße« von einem H. J. v. M. … Schließlich schickte Besagter noch ein PS auf einer siebten Karte hinterher, auf der er ziemlich bösartig feststellte »Lesen Sie sich immer noch derart oft in der Zeitung?« Dabei hätte er wissen müssen, dass ich im Allgemeinen lesen ließ.

Grüsse aus Graz – Postkartenregen auf Antwerpes

Eine Woche später schneiten weitere Postkarten des H. J. v. M. ins Haus, dieses Mal waren es sogar 8. Sie verteilten sich wohl dank der österreichischen und deutschen Post über mehrere Tage und machten uns arg zu schaffen, weil der Autor keine Mühen gescheut hatte, nicht nur mitten im Satz aufzuhören, sondern auch noch mitten im Wort. Tröstlich teilte der Schreiber u. a. mit, dass »auch in und unter Ihrer Behörde, die Normalität, im allerbesten Sinne, zurückgekehrt« sei, »??nicht wahr??«.

Als auch unsere Poststelle aufatmete und glaubte, das Schlimmste schon überstanden zu haben, kamen mit der Nachmittagspost noch mal vier Karten mit »noch einmal weitere Grüße aus dieser wundervollen Stadt« Graz. Er habe »todo el tiempo del mundo«, was so viel heißt wie alle Zeit der Welt. Die hatten wir nicht. Gott sei Dank war dann der Spuk vorbei. Keine einzige Postkarte mehr. Uns fehlte dann doch etwas.

Graz, den 21. Feb. 1.997

Sehr verehrter Herr
Regierungspräsident Dr. Franz-Josef
Antwerpes.

Nachdem ich 1965/66 ein Jahr
Sprachlehrer auf Mallorca gewesen
bin, nota bene ohne ***, bin ich nun
auf dem Weg nach Italien, um dort
das gleiche zu tun.

Herrn
Regierungspräsident
Dr. F.-Josef Antwerpes
Zeughausstrasse

D-50450 Köln
Deutschland

Graz, den 4. März 1.997

Höchst-Verehrter Regierungspräsident, Aller-Wertester Dr. Franz-
Josef Antwerpes.

Als ehemaliger Teil Ihres Amtes sende

Herrn
Regierungspräsident
Dr. F.-Josef Antwerpes
Zeughausstrasse

D-50450 Köln
Deutschland

Graz, den 4. März 1.997

II. ich Ihnen Grüße aus Graz, dieser
aristokratischen Stadt. – Nach einem
Ausflug nach Wien bin ich wieder zurück und genieße, wie sich langsam
das öffentliche Leben auf die Straße
verlagert hat, denn die ersten
Straßencafés

Herrn
Regierungspräsident
Dr. F.-Josef Antwerpes
Zeughausstrasse

D-50450 Köln
Deutschland

III. sind ab dieser Woche geöffnet. Dat
»hillije Kölle« ist »jww«, sozusagen:
janz weit weg, nicht nur
geographisch. Ebenso wie in Mallorca,
wo ich in dem Jahr sehr, sehr nette
Menschen kennengelernt habe, mit
denen ich nota bene

Herrn
Regierungspräsident
Dr. F.-Josef Antwerpes
Zeughausstrasse

D-50450 Köln
Deutschland

Graz, den 4. März 1.997

V. immer noch in regem Kontakt
stehe, so ist mir hier, Dieu merci, das
gleiche passiert: Mit einer Reihe von
GrazerInnen habe ich bereits Freund-
schaft geschlossen und genieße dieses
wunderbare Flair. (Außerdem gibt
Johnny

Herrn
Regierungspräsident
Dr. F.-Josef Antwerpes
Zeughausstrasse

D-50450 Köln
Deutschland

V. Cash am 21. April ein fast intimes
Konzert mit nur 500 Zuhörern in
Graz), Sie können sich denken: ein
»Must«*** für jede Art von Musik-
Freak. Wir gehen in einer Gruppe
dorthin. (Es ist nur gut, daß ich »todo
l tiempo del mundo«

Herrn
Regierungspräsident
Dr. F.-Josef Antwerpes
Zeughausstrasse

D-50450 Köln
Deutschland

VI. habe, auch und vor allem dank der
Ihrigen Behörde, verehrtester Herr
Regierungspräsident.
Untherthänigste und Ehr-Fürchtigste
Grüße, Ihr H.-Joachim v. M.

Herrn
Regierungspräsident
Dr. F.-Josef Antwerpes
Zeughausstrasse

D-50450 Köln
Deutschland

VII. Noch ein P.S. zum Schluß: Lesen
Sie sich immer noch derart oft in der
Zeitung?????? Darauf sind Sie doch
ganz begierig, nicht wahr????!!!

Herrn
Regierungspräsident
Dr. F.-Josef Antwerpes
Zeughausstrasse

D-50450 Köln
Deutschland

Graz, den 12. März 1.997

I. Aller-Wertester Regierungspräsident,
Höchst-Verehrter
Dr. Franz-Josef Antwerpes.

Als ehemaliges Rädchen Ihrer Behörde
– zwar sehr kleines, aber immerhin –
sende ich Ihnen

Herrn
Regierungspräsident
Dr. F.-Josef Antwerpes
Zeughausstrasse

D-50450 Köln
Deutschland

I. noch einmal weitere Grüße aus
dieser wundervollen Stadt. Sie können
ich sicher vorstellen, daß es jetzt,
beim anbrechenden Frühling, besonders schön ist. Das hat mich auch be-
wogen, ganz gegen meine ursprüng-
ichen Pläne, noch länger hier

Herrn
Regierungspräsident
Dr. F.-Josef Antwerpes
Zeughausstrasse

D-50450 Köln
Deutschland

III. zu bleiben. Wie Ihnen schon früher gesagt: Keine Macht der Welt treibt mich, ich habe »todo el tiempo del mundo«. Das ist das schönste Gefühl, das man, nota bene, auf Erden haben kann.

Herrn
Regierungspräsident
Dr. F.-Josef Antwerpes
Zeughausstrasse

D-50450 Köln
Deutschland

IV. Ihnen und Ihrer doch so eminent wichtigen Behörde freundliche, bescheidene Grüße.

Ihr Hans-Joachim v. M.

Herrn
Regierungspräsident
Dr. F.-Josef Antwerpes
Zeughausstrasse

D-50450 Köln
Deutschland

Die Fürstin ist fast am Ziel

Nach mehrmonatigem Schweigen meldete sich gleich Anfang 1991 Rosel W. aus dem »Fürstenhaus Waldeck«. Sie sei fast am Ziel ihrer Rechte, schrieb sie, aber da sei ein falsches Fürstenehepaar Waldeck, welches gleichzeitig mit dem richtigen Fürsten im Schloß Arolsen in Nordhessen wohnt, das sei es, was Rosel und Ehemann in jeder Hinsicht geschadet habe. Falsche Adelige gebe es im Übrigen en masse – bis zu 70 % –, darunter die Kuckuckseier Elisabeth die Erste und Königin Juliane.

Endlich bedauerte die Dame auch, dass sie sich mir gegenüber schlecht verhalten habe. Sie bedankte sich ferner für mein Verständnis und meine Klugheit, ihre Schreiben einfach zu ignorieren, und dann wünschte sie mir und meinem »Team« alles Gute.

Ich habe noch nie ein Schreiben bekommen, in dem ich für meine Klugheit gelobt wurde, irgendwelche Anliegen zu ignorieren. Die meisten Leute halten ihre Sorgen für berechtigt, aber nicht alle Sorgen sind begründet. Manche Menschen sind reine »Krintekacker«, lieben über alle Maßen unwichtige Details, aber in einer service-geilen Welt muß man nicht nur freundlich sein, sondern auch jeden Mist wichtig nehmen. »Hier ist Isolde Müller. Was kann ich für Sie tun?« Ich wäre schon froh, wenn ich nicht ständig mit oder ohne Fahrrad in Bahn- und Bustüren eingeklemmt würde. Ich übertreibe gerne, werden Sie mir entgegenhalten. Nein, und abermals nein. Ich kann Ihnen Orte und Stellen nennen, wo ich das Opfer mangelnder Dienstleistungen wurde, und zwar ganz simple: Als ich meine Autobiographie »Zwischen allen Stühlen« schrieb, hätte ich an die Türen denken sollen – der Titel »Zwischen allen Türen« wäre vielleicht realistischer gewesen. Am heftigsten wurde ich übrigens in Rheinland-Pfalz eingeklemmt, in einem Bahnbus, der noch ganz neu war. Wie heißt es im Volksmund: »Neue Türen klemmen gut!«

den 4. Jan. 1991

Herrn Regierungspräsident
Dr. Josef Antwerpes
Zeughausstraße
5000 Köln 1

Sehr geehrter Herr Regierungspräsident,

da ich fast am Ziel meiner Rechte bin,
die mit dem Fürstenhaus Waldeck zu tun
haben, möchte ich Ihnen nicht nur eine
Entschuldigung sondern auch eine Erklä-
rung abgeben. Grundsätzlich ist es richtig, daß der Fürst Waldeck und ich als
Verwandte und zukünftige Ehefrau in ver-
schiedenen Gegenden und Ländern noch Hoheitsrechte und Eigentum haben, was aber
im *weistesten* Sinne nichts mehr mit Adels-
herrschaft zu tun hat.
Ein falsches Fürstenpaar Waldeck, welches
gleichzeitig mit dem richtigen Fürst im
Schloß Arolsen in Nordhessen wohnt, hat
uns in jeder Hinsicht geschadet, so daß
es schwierig war, richtig und falsch zu
unterscheiden und die Rechte durchzusetzen, die auch Erbkronen einiger europäi-
scher Länder mit einbeziehen. Beispiels-
weise waren bereits die Königin Juliane
und die Königin Elisabeth die I. Kuckuckseier vom Eichsfeld, - derlei gibt es mehrere; man rechnet mit ca. 30% weltweit
und mit 70% insgesamt von falschen Ade-
ligen, was nach zwei Weltkriegen ja auch
logisch ist.
Der Fürst und die Unterzeichnete beab-

sichtigen, die Erbkronen nur als Namen
auf dem Papier in Anspruch zu nehmen und
zum Zwecke den jeweiligen Ländern das
Eigentum zu überlassen und hoffen
gleichermaßen auf freiwillige Abgaben in
Deutschland bis zu etwa 80% der Ländereien – entsprechend unserem Beispiel
(wir haben im Landkreis Waldeck nur noch
20% Bewaldungen und Ländereien behalten),
ich selbst lebe z.Zt. von geringem Unter-
halt meines Exmannes Sch.
Sie werden jetzt verstehen, daß ich wegen einiger Mißverständnisse, die man ab-
sichtlich in den Raum geworfen hatte,
Ihnen gegenüber mich sehr schlecht und
aufgebracht vor ca. einem halben Jahr
verhalten habe. Nicht zuletzt jetzt meine
Entschuldigung dafür, die Sie nun akzep-
tieren können. Danken möchte ich Ihnen
für Ihr Verständnis und daß Sie so klug
waren, mein Schreiben einfach zu ignorieren.
Alle guten Wünsche für Sie und Ihr Team
für das neue Jahr und weiterhin verbinde
ich

mit freundlichen Grüßen
Rosel W.

Kuriose und feige Schmähbriefe

Die meisten Schmähbriefe sind besonders kurz. Nach einigen Zeilen haben die Autoren – ein wahrhaft schmeichelhafter Name – ihr Pulver verschossen, können sich nicht mehr überbieten, der Inhalt flacht immer mehr ab. Für die Genauigkeit der Schmäher spricht die äußerst mangelhafte Kunde über die richtige Adresse. Die Post hatte allerhand zu tun, um dieses Gelumpe zur Zeughausstraße zu leiten, aber es kam an.

Die erste kurze Schmähschrift ist an die Dommauer 12 gerichtet. Die Adresse gibt es gar nicht, aber was will die Post

Deftige Worte eines Feiglings, da er anomym bleibt.

da zurückschicken, wenn als Adresse Europa-Mitte, Nato E3A Awocs angegeben ist und dann noch steht: Aachen, den … Ich sei ein Versager und meine Gehälter – man beachte die Mehrzahl – bestimme die NATO in Geilenkirchen. Außerdem will mich Bernd-Joh. G. gerichtlich platt machen. Wenn der Mann wenigstens einen Grund für seine Aversion genannt hätte, aber so blieb er wie bei der Adresse ziemlich ungenau.

Eine etwas kürzere Version schreibt ein Anonymus, der offensichtlich noch im Kalten Krieg lebt. Ich altes »Aschloch« soll schnell nach meiner Insel Kuba verschwinden. Das sei gut für Köln, das hätte eine alte Sau weniger … Auch hier sehen wir, wie selbst in zwei Sätzen dem Schreiberling das Repertoire ausgeht: erst »Aschloch« dann »Sau«. Normalerweise und auch aus Gründen der Steigerung wäre die umgekehrte Reihenfolge richtiger. Ich habe dem Mann diese schlichte Binsenweisheit aber nicht mitteilen können, da er unbekannt bleiben wollte, sonst hätte ich ihm auch tüchtig die Haare gewaschen, wenn er welche hatte, was unwahrscheinlich ist, da auch sein Hirn schon gelitten hat.

Der mit der Dommauer 12 meldete sich noch einmal. Diesmal war das Schriftstück an die »Wildsau/Eber Franz-Josef Antwerpes« gerichtet. Ich hätte den Eber schwarz verkauft. Ich habe nie einen Eber verkauft, deswegen scheidet Schwarzhandel völlig aus. Was mich aber besonders gekränkt hat, war der Hinweis, ich sei wie der Wickert, nur viel seppeliger. Man muß wissen, dass ich Wickert (Tagesthemen) böse bin, weil er bis heute nicht auf eine E-Mail von mir geantwortet hat, in der ich ihn beschuldige, die Auslauterweichung zu karikieren oder kein richtiges Deutsch zu können. Er sagt nämlich bei der Verabschiedung fast allabendlich: Bis morgen, zweiundzwanzikuhrdreißisch. Im Hochdeutschen gilt, da nützt auch Stoiber nichts, dass -ig am Ende wie -ich gesprochen wird. Einmal richtich, einmal falsch ist einfach unerträglich. Normalerweise müsste die ganze deutsche Nation Ulrich Wickert auf die Finger hauen, aber was tut sie, sie schweigt oder regt sich über eine Rechtschreibreform auf, von der man im Rheinland getrost behaupten kann, sie wäre gar nicht bemerkt worden, wenn man nicht darauf hingewiesen hätte. Ich kenne Leute, die schreiben jetzt dass mit drei s mit der Begründung, daß sie damit auch die nächste Reform überstehen würden.

Mit richtiger Adresse unverhältnismäßig akribisch beschimpft mich ein Hans Georg B. wegen des Flügelautos auf dem Dach des Stadtmuseums in der Zeughausstraße. Dieses Auto habe ich stets bekämpft, weil es nicht auf ein Denkmal gehört. Die Stadt Köln hat sich selbst eine Art Befreiung vom Denkmalschutz gegönnt, während sie andere Denkmaleigentümer mit Fleiß verfolgte, wie etwa den Zahnarzt am Buttermarkt, den sie zum Abriß eines halben Stockwerks gezwungen hat, obwohl die Altstadtsilhouette eine reine Rekonstruktion ist, das Zeughaus aber echt. Ich verübele heute noch 2 inzwischen ausgeschiedenen Ministern, dass sie immerzu die Frist für den Verbleib dieses Autos verlängert haben, weil sie sich anbiedern wollten. Die haben gemeint, ihre Namen würden in goldenen Lettern durch die Stadt getragen. Dabei sind sie nur Eingeweihten noch erinnerlich. Selbst ich habe sie schon fast vergessen. Doch lassen Sie mich nicht den Faden verlieren und auf den Briefeschreiber zurückkommen. Der meinte, in den USA hätte ich nur eine Amtszeit von 2 Jahren und anschließend hätte man mich zum Teufel gejagt. Er endet »mit freundlichen Grüßen«. Doch Vorsicht, im PS hat er mich in die Reihe folgender Blender eingereiht: Klaus von Dohnanyi (Ex-Bürgermeister von Hamburg und bei Ford »einer der größten Spinner in der Firma« und mit dem »Selbstdarsteller« und Alt-Bundespräsident Walter Scheel. Da fühlt man sich ja schon fast geschmeichelt, aber nur fast …

Auch der Brief an »Herrn Antwerpes 5000 Köln« kam pünktlich an, obwohl auch mal ein Postbote handschriftlich vermerkte, der Regierungspräsident sei unbekannt verzogen. So macht man sich die Zustellung verdammt leicht. Der Petent regte sich darüber auf, dass ich nichts dagegen hätte, in Köln ein Marx-Denkmal aufzustellen (Marx war hier lange Zeit als Journalist tätig). Es sei ein Affront für alle Antikommunisten und er wolle mir die rote Maske vom Gesicht reißen. Ich wäre im Übrigen als Polizeipräsident von Köln untragbar, übrigens ein Amt, das ich im Gegensatz zu meinem Nachfolger nie innehatte. Schließlich will mich Theodor W., Jahrgang 23, nach Kuba verfrachten, und zwar mit antikommunistischem Gruß. Ich glaube, das hatten wir schon.

Ein Einsender, der mein umfangreiches Tun in nur wenigen Zeilen rundum ablehnte, beschimpfte mich wegen Garzweiler II (Braunkohletagebau), ferner, dass ich einem Arzt das Rotlicht verweigert hätte – er meint wohl Blaulicht –, und ist wohl unzufrieden über meine strenge Einstellung zu Karfreitag. Der Mann schließt mit der Warnung: »Eines Tages werden Sie unter einer Birke schlafen, mit ihrer Familie«. Wie einfühlsam!

Auf eine angeblich unbeantwortete Dienstaufsichtsbeschwerde nahm sich ein weiterer Adressloser die ganze Behörde vor. Handlanger hätte ich, die dauernd den Namen wechselten, was im Übrigen dafür spricht, dass dem Mann immer neu und zwar immer weiter oben Bescheid gegeben wurde. Der Beschwerdeführer verstieg sich schließlich dazu, mich mit allen möglichen Nazi- und Stasi-Größen u. a. »Strauß und Mielke« zu vergleichen. Bei diesem Durcheinander wundert es mich nicht, zum Schluß zum Gehen aufgefordert zu werden, und zwar sofort. Ich arbeitete nämlich wie Lattek. Wie arbeitet Lattek eigentlich?

Europa-Mitte
, Nato E3A Awocs
Aachen, den 15.11.95

Antwerpes du bist ein Versager, alles
was Du anpackst ist mit Geldschnei-
derei verbunden, aber unnütz. Die
Eurregiostädte mit Ihren Ein-
wohnern sind selbst mit unserem
Stiftsherrn Dr. Helmut Kohl (genannt
Kanzler) besserer Freund. Halt Dich
hier raus du Notorischer Deliquent.
Deine Gehälter bestimmt die Nato in   Regierungspräsidium
Geilenkirchen und dann mach ich Dich   Franz-Josef Antwerpes
gerichtlich Platt; ich warte! Ändere   Dommauer 12
dich; Du heißt nicht Dr. Haustein,
CDU.   5000 Köln 1

Bernd-Joh. G.

Hoffentlich verschwindest Du altes
Aschloch schnell nach Deiner Insel
Kuba, zu Deinen Komunisten Ge-
nossen Du alter Prolet!

An den Kölner Regierungs-Präsidenten
Dr. Franz-Josef Antwerpes

Gut für Köln, eine alte Sau weniger.

5000 Köln

Du hast den Eber schwarz verkauft,
wir fordern Rücktritt Deiner Person,
Du bist wie der Wickert, nur viel
seppeliger. Dein Gehirn gehört in die
Patologie!
»Nasenrümpfer«
»Du Hornochse«
»Pfeife«

Wildsau/Eber
Franz-Josef Antwerpes
Regierungspräsident

5000 Köln 1
Dommauer 12

Köln, den 24. Februar 1993

An den
Regierungspräsidenten
Franz-J. Antwerpes
Zeughausstraße 2-10
5000 Köln 1

Betrifft: Ihre Selbstdarstellung, letzter
Akt: Flügelauto

Sehr geehrter Herr Regierungspräsident!
Es ist schon schlimm von welchen Menschen
(Selbstdarsteller) man im Leben abhängig
ist bzw. war.
Haben Sie nichts Wichtiges zu tun?
Zur Kenntnisnahme: In den USA hätten Sie
nur eine Amtszeit von max. 2 Jahren zur
Verfügung, anschließend hätte man Sie zum
Teufel gejagt!

Mit freundlichen Grüßen
Hans Georg B.

P.S.: Man kann Sie in die Reihe folgender
Blender einreihen:
1. Ex-Oberbürgermeister von Hamburg und
Ford-Manager C.v. Dohnanyi (einer der
größten Spinner in der Firma)!
2. Ex-Bundespräsident W. Scheel (Selbstdarsteller und Vertreter eigener Interessen)!

05.09.92
Herrn Antwerpes
5000 Köln

Herr Antwerpes,

Ich glaube, daß es bei Ihnen piepst!
Sie wollen in Köln ein Marx-Denkmal auf-
stellen, *daß* wäre ein Affront für alle
Antikommunisten, man sollte Ihnen die
rote Maske vom Gesicht reißen!
Sie sind als Polizeipräsident von Köln
untragbar, ich fordere Sie auf zurückzu-
treten!
Als Kölsche Jung bin ich empört über Ihre
Worte.
Chemnitz ist froh Marx losgeworden *zusein*
und Sie wollen dem Kommunismus in Köln
ein Denkmal setzen.
Setzen Sie sich ab nach Cuba, dort lebt
der Marx noch in dem ewig Besserwisser
»Castro«.

Mit antikommunistischem Gruß
W., Theodor
Jahrgang 23

Herr Antwerpes!

Man hört ja so allerhand von Ihnen. Sie
wollen wohl uns Deutsche, fertig machen;
Sie verlangen *das* viele Dörfer weg sollen
wegen der Kohle; sind Sie denn ein Deutscher? Und dann genehmigen Sie einem
Arzt, in so kleinen Orten nicht mal ein
Rotlicht, an seinem Privatauto; können
Sie überhaupt noch normal denken. Wir
warnen Sie; Eines Tages werden Sie unter
einer Birke schlafen, mit Ihrer Familie;
Wir machen *erst*! Und was soll der Karfreitag?

Anna K. K.
xxxxx O.

Dr. Franz-Josef Antwerpes
Regierungspräsident
Zeughaus Str. 4-8
5000 Köln 1

Ihre Mitteilung? / Eingangsbestätg. vom
23.09.91 31.1.47.01- Huhn
meine unbeantwortete Dienstaufsichtsbeschwerde 10.03.90/21.08.91!
Antwerpes wie ein ???? - Aussagen im
EXPRESS vom 15.10.91

Sehr geehrter Herr Dr. Antwerpes,

Sie erklären, daß Sie DM 150.000,- ein-
kassieren - und dies für Nichtstun, keine
Verantwortung, nur *Gelabber* und Geschwa-
fel.
Dies ist doch sehr viel, oder?
Meine Versuche, gegen die Machenschaften
von Ihnen und Ihresgleichen, welche durch
die o.a. Tätigkeiten nur als Schmarot-
zer agieren und nie, nimmer und niemals
in irgendeiner Art und Weise verantwort-
lich waren, scheitern doch an Ihren ge-
setzwidrigen Aktionen.
Der von Ihnen geführte Apparat benötigt
auf ein Schreiben vom 21.08.91 eine Bear-
beitungsdauer von mehr als einem Monat
(23.09.91), nur, um eine simple Eingangs-
bestätigung zu versenden.
Hier mußte sicher abgewogen werden, ob
man auch diese Anfrage einfach so wie

immer bearbeitet – nämlich überhaupt
nicht.
Daß dann Ihre Handlanger dauernd die
Namen wechseln (Huhn, Neshöfer, Radelber-
ger, Schmitt) ist nur typisch.
Ihre Methoden dagegen nennt man in Berg-
steigerkreisen sichern – aber dann handelt es sich ja auch um Seilschaften.
Aber ein derart ehrlicher Demokrat wie
Sie, kennt ja ein solches Wort wahrscheinlich gar nicht.
Nur wer nichts leistet, sollte auch nicht
kassieren und profitieren wollen, um anschließend wie Nazi- und Stasi-Größen wie
Honnecker, Mittag, Krenz, Bergmann,
Schalk, Strauß, Mielke u. a. Verbrecher,
sich dahin zu flüchten: keine Ahnung,
nichts dagegen tun, Gefahr für den eigenen Wohlstand, kein Geld unterschlagen
Antwerpes muß (also) sofort gehen. Er
arbeitet nämlich wie Lattek.

Antwerpes fristlos entlassen!

Nach Monaten meldet sich wieder Rosel W. »PA-Nr.: xxx (Hoheitstitel extra erfaßt)« und teilt mir erneut meine fristlose Entlassung mit. Ich »manipolierte« die Kölner Beamtenschaft gegen Rosel W. Ihr Entschuldigungsschreiben vom 4. Januar dürfte ich als erledigt betrachten. Haftbefehl sei gestellt beim Oberstaatsanwalt Köln mit Überprüfung vom OLG Frankfurt/M ... Ich solle mir aussuchen, wer mich festzunehmen hätte – wie großzügig. Das Ganze ver-

»Echte Fründe ston zesamme...« – Franz-Josef Antwerpes und Norbert Burger.

fügt und angeordnet von: Kaiserin Rosel, Königin Luzia und Fürstin zu Waldeck. Dann noch ein Postskriptum: Ich solle die Personalabteilung informieren, Amtsunterlagen und sämtliche Schlüssel ordnungsgemäß übergeben, den Nachfolger möge Oberbürgermeister Burger benennen, da sie meine Kollegen nicht kenne. Wenn das der damalige OB Burger gewußt hätte, hätte er möglicherweise der Kaiserin Rosel zu Füßen gelegen. Die Schlüssel würde ich ihm allerdings nie gegeben haben.

Im Juni kam der nächste Brief an das Amt für öffentliche Ordnung zu Köln. Dessen Leute gaben wohl der »Fürstin« keine Ruhe, daher kommt sie zu dem mutigen Schluss: »Es können doch nicht alles Vollidioten bei Ihnen arbeiten?« Dem Amt teilt sie überdies mit, dass Antwerpes in Kürze ins Zuchthaus müsse und keine Weisungen mehr zu geben habe. Nach weiteren Schmähungen folgen Grüße der Fürstin Waldeck, ihres ältesten Sohnes, des Kronprinzen zu Waldeck und der Kronprinzen Werner und Arno mit Geburtsdaten und der Schlußklammer: »Gewöhnen Sie sich daran, wir haben nun mal mehrere Titel.«
Dann hörten wir lange, lange nichts mehr von Rosel W …
Doch warten Sie ab, Sie wird sich schon wieder räuspern.

Rosel W.
PA-Nr.: xxx (Hoheitstitel extra erfaßt)
den 17. April 1991
Herrn Josef Antwerpes
Regierungspräsident Köln
Zeughausstraße
5000 Köln 1

Fristlose Entlassung

Herr Antwerpes,

es hat sich herausgestellt, daß Sie in
diktatorische Weise gegen mich arbeiten;
Sie *manipolieren* die Kölner Beamtenschaft
gegen mich wie es Ihnen in den Kram paßt.
Mit diesen Erläuterungen müssen Sie sich
zufriedengeben!

Mein Entschuldigungsschreiben an Sie vom
04. Jan. 1991 dürfen Sie als erledigt
betrachten; genau danach sind Sie noch
massiver gegen mich vorgegangen.

Wenn Sie diese fristlose Entlassung nicht
beachten, so werden Sie zusätzlich noch
wegen massiver Amtsbesetzung verklagt!
Ein Haftbefehl für Sie wurde beim Oberstaatsanwalt in Köln gestellt mit Information und Überprüfung vom Oberlandesgericht
in Frankfurt/M. und der Landesregierung.
Suchen Sie es sich aus, wer Sie festzunehmen hat.

Ihr Komplice Dr. Rathmann muß den gleichen Weg gehen wie Sie und danach eine

ganze Gefolgschaft; damit dürfen Sie sich
trösten.
Verfügt und angeordnet:
Rosel
Kaiserin Rosel
Königin Luzia
Fürstin zu Waldeck

P.S.:
Bitte informieren Sie die Personal-Abt.
und übergeben Sie ordnungsgemäß wichtige
Amtsunterlagen und sämtliche Schlüssel,
was später noch überprüft wird. Den Nachfolger möge Herr OB Burger benennen, da
ich Ihre Kollegen nicht kenne.

Fürstin zu Waldeck, Hessen, Nassau und
die dazu gehörenden höheren Titel

Köln, den 14. Juni 1991
Amt für öffentliche Ordnung

Hoheitsrechte – Bußgeldbelästigungen und
sogar Belästigungen durch Hausbesuche von
Ihrer Behörde

Zum letzten Mal teile ich Ihnen mit, daß
meine Söhne und ich in Köln außergewöhn-
liche Hoheitsrechte haben; im Zentrum
gehört jeder freie Quadratmeter zu unserem persönlichen Besitz. Die Tatsache,
daß sich da eigenmächtig Eigner gefunden
haben, die Bauten hingesetzt haben, berechtigt Sie noch lange nicht zu der An-
nahme, daß die Stadt Rechte hätte.
Wenn Sie uns jetzt nochmal belästigen,
stelle ich Strafantrag und Haftbefehl für
Sie als Leiter aus, da Ihre Leute wahrscheinlich dann Ruhe geben werden. Es
können doch nicht alles Vollidioten bei
Ihnen arbeiten?
Eigenartigerweise kommen von den anderen
Stadtbezirken überhaupt keine Bescheide,
wahrscheinlich hat das EL-De-Haus den
Nazigeist noch in sich (die Nazis hatten
den Bau ja besetzt, falls Sie das überhaupt wissen).
Ich verbitte mir jegliche Art von Belästigungen!!!
Den Bußgeldbescheid, der eigentlich nur
mit DM 30,- ausgestellt sein dürfte und
bereits schon heute vorlag, läßt deutlich

68

erkennen, daß man uns schikanieren will.
Ich lasse Sie wissen, daß aufgrund meines
derzeitigen Schreibens an Antwerpes (er
muß in Kürze ins Zuchthaus und hat Ihnen
keine Weisungen mehr zu geben) die Bußgelder für Köln nur auf die Hälfte ange-
setzt wurden, was er auch akzeptiert hat
aufgrund meiner Hoheitsrechte, ansonsten
jedoch spricht er mir meine Rechte ab,
der Diktator mit getarntem SPD-Abzeichen.
Neonazis seid Ihr und gehört zum Kölner
CDU-Komplott (Rechtsradikale).

Mit Grüßen
Fürstin zu Waldeck

Meine Söhne:
Peter Sch., geb. 06.06.62, Kronprinz zu Waldeck
Werner" , geb. 10.11.63,   "   "   "
Arno ", geb. 15.06.65,   "   "   "

(Gewöhnen Sie sich daran, wir haben nun
mal mehrere Titel.)

Ersuchen aus aller Welt

Nicht nur Kölner oder Bewohner der näheren Umgebung schickten Post an den Regierungspräsidenten, sondern auch Leute aus anderen Gauen, ja sogar aus dem Ausland wendeten sich einige mit ihren Anliegen an RP Antwerpes, meist persönlich. Lassen wir argentinische und US-amerikanische Briefe außen vor, die zum Teil höchste Kuriosität aufweisen, aber bei denen man nicht immer auf Anhieb entscheiden konnte, ob die Absender berechtigte oder unberechtigte Ansprüche an irgendwelche Wiedergutmachungsfonds stellten.

Ein Brief aus Belgien aus der Gemeinde Büllingen, genauer gesagt aus dem Ortsteil Rocherath, verrät, dass die Eigentümer eines Hauses selbiges verkaufen wollen. Da ich bei einem Interview einmal gesagt hatte: »Ich kenne die Eifel und liebe die Eifel«, und weil Rocherath zur Eifel gehört, soll ich nunmehr – »rein zufällig« – bei Gesprächen auf das Haus in Rocherath zu sprechen kommen. Antwerpes als Makler, ein neuer Job. Freundlicherweise lag dem Schreiben auch noch ein Lageplan und eine Skizze bei. Leider hatte ich keine Gelegenheit, einem Dritten diese Liegenschaft schmackhaft zu machen.

Eine Postschaft aus Celle in Niedersachsen forderte mich auf, aus einem in einem früheren Schreiben genannten Grunde – das Schreiben kann ich nicht mehr finden – sämtliche Rundfunk- und Fernsehsendungen, soweit die Sender sich auf »ihrem Gebiet« befinden, abzubrechen. Ersatzprogramme kämen nicht in Betracht. Dasselbe soll auch für sämtliche Zeitschriften und sonstigen Druckschriften gelten. Das Schreiben endet mit der Feststellung: »Sollte ein Bedürfnis nach Sendungen ... bestehen, so könnte dies in der Weise geschehen, wie dies von den Besatzungsmächten im Jahre 1945 betrieben wurde.« Offensichtlich wollte der Unterzeichner Albert P. dem Regierungspräsidium neue Zuständigkeiten zuschanzen. Ich hätte künftig den Sendern die Lizenzen zu entziehen und die Bedürfnisse der einheimischen Bevölkerung auf erbauliche Ausstrahlungen und Traktate konzentrieren können. Keine Lustbarkeiten und kein »Big Brother«, höchstens »Big brother is watching you«. Mangels Zuständigkeit habe ich dem Petenten nicht geantwortet. Was soll man dem armen Kerl auch schreiben? Vermutlich hat er einen schadhaften Fernseher und gönnt anderen keine Bilder, oder er hat einen Dachschaden, der ist allerdings schwer reparabel.

Eine Dame aus Münster wollte das der Verwaltung des RP Köln unterstellte Schloss Augustusburg zur Verfügung gestellt haben, um dort nicht nur zu arbeiten, sondern auch darin zu wohnen. Diese Bitte mußte ich schriftlich ablehnen. Das Schloss ist weder zum Arbeiten noch zum Wohnen geeignet, schließlich ist es ein Museum. Dennoch gab es Leute, die lange Zeit glaubten, ich würde in diesem Schloss residieren. Als »Kurfürst« hätte man eine solche Heimstätte. Gegessen habe ich da bei Staatsempfängen mit den Großen dieser Welt, allerdings in einem der Nebenräume, doch die Hand habe ich Ihnen allen geben dürfen, ob es amerikanische oder russische Präsidenten, der Papst oder Königinnen oder Könige waren. Dabei hat mich Kohl immer missmutig angeguckt. Der hatte wohl Schlechtes über mich gelesen und geahnt, dass ich ihn nie gewählt habe.
Vielleicht wollte die Dame aus Münster auch nur einmal dabei sein ... Inzwischen finden unglücklicherweise die Staats-

empfänge in Berlin statt, und wer dieses preußisch karge Schloss Bellevue mal mit dem barocken Augustusburg vergleicht, der weiß, dass es mit prallem rheinischen und deutschen Leben vorbei ist. Wie der Bundespräsident Rau es in diesem Schloss aushält, weiß ich nicht. Gott sei Dank wohnt er im Gegensatz zu seinen Vorgängern nicht darin.

Rudolf R. aus Iserlohn beschäftigt sich, wie manch andere, mit der Karfreitagsruhe. Mein Standpunkt ist ja bekannt: Karfreitag ist ein stiller Feiertag, und da hat kein Remmidemmi stattzufinden.
Die Katholiken meinen immer, dieser Tag sei ihnen per Gesetz durch die bösen Preußen aufgenötigt worden, und haben voller Verachtung an eben diesem Tag Teppiche geklopft. Gesetz ist aber Gesetz, und nicht jeder kann machen, was er will, auch die rheinischen Katholiken nicht, obwohl ich das nicht so streng sehe wie Kardinal Meisner, der ja alles streng sieht.
Rudolf R., der seine Wut dem Leserforum der Westfälischen Rundschau in Dortmund mitteilte, bezichtigte mich der behördlich borierten Rechthaberei. Ich solle lieber etwas gegen die Werbewirtschaft unternehmen, aber dafür sei Herr Antwerpes wohl 10 Nummern zu klein. Wieso eigentlich *10* Nummern? Bei *zweien* hätte er mich doch auch schon beleidigt …

Aus Saarbrücken lobt mich ein Karl S., weil ich mal im Fernsehen bei einem Gast, der »Gott sei Dank« sagte, erwiderte: »Lassen Sie Gott aus dem Spiel!« Karl S. schlägt darüber hinaus vor, dass man sich auch das »leider Gottes« abgewöhnen soll. Niemals werde ich wieder eine solche Bemerkung machen.
Neulich hatte ich schon wieder Schwierigkeiten beim Verbreiten der in der Schule gelernten These, das Alte Testament sei geprägt von »Auge um Auge, Zahn um Zahn«, während das Neue die Nächstenliebe predige. Da haben mir

doch mehrere Exegeten geschrieben, die Nächstenliebe käme auch schon im Alten Testament vor, und haben mich mit Fundstellen eingedeckt. Niemals mehr werde ich mein Schulwissen an den Mann bringen.

Eine Frau U. J. aus Erftstadt will mir eine gewinnbringende Information zukommen lassen. Ihre Unzahl Deutschfehler mahnten mich aber zur Vorsicht, und ich ließ ihr mitteilen, dass es mir weder tagsüber noch abends passe.

Schließlich erreichte mich auch noch ein Brief aus Berlin. Ein Manfred K. schrieb mir, dass eine seiner schönsten Rollen in letzter Zeit die dicke Tabakrolle war, die ich ihm entzückenderweise hätte zukommen lassen. Manfred K. aus Berlin wurde von meinem Vorzimmer verständlicherweise nicht erkannt. Es handelt sich um den Schauspieler Manfred Krug, der wie ich Havanna-Zigarren liebt und dem ich ein Exemplar – handgemacht von meinem Tabacero Aldo Monteagudo – schickte.

Krug ist übrigens genauso wie ich ein Rumpfriese, d. h. wir haben im Verhältnis zum Oberkörper kurze Beine. Wir konnten uns intensiv darüber austauschen, wie man durch lange Sakkos den Nachteil kompensiert.

Rocherath, den 21.03.1994.
An den Herrn
Regierungspräsident Antwerpes
(Persönlich)
Zeughausstrasse, 2-10
50667 Köln

Sehr geehrter Herr Regierungspräsident,

zunächst möchte ich mich dafür entschul-
digen, dass ich Ihnen ein rein privates
Schreiben auf den Umweg, über Ihr Regie-
rungspräsidialamt zustelle. Da selbiges
nichts mit Regierungs- oder Verwaltungs-
angelegenheiten zu tun hat, bitte ich Sie
es nicht gleich *im* Papierkorb zu werfen.
Herr Regierungspräsident, Sie stellen
sich vielleicht die Frage, was habe ich
mit *den* Unbekannten zu tun und wieso
schreiben die mir. Der dazu führende An-
lass war Ihr Besuch im vergangenen Jahr
auf dem Gelände der alten Munitionsfabrik
bei Kehr/Eifel.
Bei einem Interview sagten Sie dort einmal
›Ich kenne die Eifel und liebe die Eifel‹
Hoffe wenigstens *das* es richtig ist.
Wir wohnen in Rocherath/Eifel und ich
glaube, dass dieser Ort Ihnen noch
bekannt ist aus der Zeit, wo der Grenz-
übergang Wahlerscheid noch mehr im
Gespräch war. Unser Dorf liegt ja 7 Km.
weiter in Richtung Büllingen und Malmedy.
Hier wollen wir ein Vorhaben *anwickeln*
nämlich unser Haus verkaufen. Dazu suchen
wir Kontakte zu Persönlichkeiten aus der
Stadt Köln und Umgebung.

Vielleicht denken Sie, die sollten doch
mit einem *Imo-Makler* darüber sprechen.
Das haben wir bereits, man muss sich für
einige Monate binden und wenn die Werbung
ihm zu teuer scheint geht eine nutzlose
Zeit vorbei. Es ist auch schwierig unter
der *vielzahl* von *Makler* den richtigen zu
finden.
Wir sind zuversichtlich, dass Sie in der
Persönlichkeit als Regierungspräsident,
auch im Privatleben, Verbindung zu vielen
Persönlichkeiten haben die wie Sie, die
Eifel lieben mit den riesigen *Wälder* und
schönen Natur.
Es soll nicht so sein, dass Sie Herr
Regierungspräsident unser Haus verkaufen
sollten nein, es könnte die Gelegenheit
sich ergeben, dass rein zufällig in einem
Gespräch unter *Freunde* ein solches Thema
zur Sprache kommt und sich einer für ein
Haus mit *grösserem* Grundstück interes-
siert.
Sollte ich eine Fehlbitte getan, bitte
ich um Entschuldigung. Wenn Sie oder
einige Ihrer Freunde uns einmal besuchen
um das Haus zu sehen, sind Sie herzlich
willkommen.

Inzwischen verbleiben wir mit freundlichen *Grüssen*,
und ergebenster Hochachtung,
Familie Martin R.

Anlage: Ein Lageplan und Skizze.

Celle, den 2. April 1990

Sehr geehrter Herr
Regierungspräsident!
Mit Schreiben vom 2. November 1989
hatte ich mich aus dem im Schreiben
genannten Grund wegen Abbruchs der
Rundfunk- und Fernsehsendungen, soweit die Sender sich in Ihrem Gebiet
befinden, in Hinsicht auf den West-
deutschen Rundfunk zugleich für das
gesamte Gebiet der ARD, an Sie gewandt. Ich hatte in meinem Schreiben
um Abbruch des gesamten Programms
gebeten.

An den
Herrn Regierungspräsidenten des
Regierungsbezirks Köln

5 Köln 1
Zeughaus 4

Nicht in Betracht kommt deshalb ein Ersatzprogramm aus demselben Bereich.
Deshalb verlange ich den vollständigen Abbruch der Sendungen von Sendern in
Ihrem Bereich. Dasselbe gilt auch für sämtliche Zeitschriften und sonstigen
Druckschriften. Mir ist nicht bekannt, an welche Stelle ich mich dieserhalb
wenden könnte. Sollte ein Bedürfnis nach Sendungen des Rundfunks und
Fernsehens bestehen, so könnte dies in der Weise geschehen, wie dies von den
Besatzungsmächten im Jahre 1945 betrieben wurde.

Mit vorzüglicher Hochachtung

Albert P.

Münster, den 7.5.1990

Sehr geehrter Herr Antwerpes,

ich bitte Sie, für meine Tätigkeit in der
Hohen Politik Schloß Augustusburg in
Brühl zur Verfügung zu stellen. Ich
möchte von dort aus nicht nur arbeiten
sondern auch darin wohnen.

Mit *besten* Dank im voraus und
freundlichen Grüßen
Ihre Vera L.K.

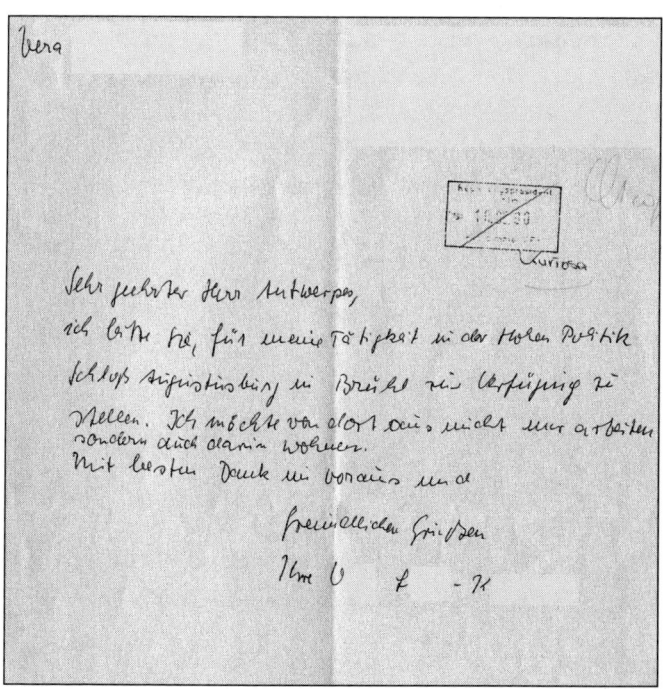

In Münster werden die Schlösser knapp.

Rudolf R., 58638 Iserlohn, den 22.04.1995

Westfälische Rundschau
- Leserforum
Brüderweg 9
44047 Dortmund

Betr.: Karfreitagsruhe.

Der logische Unverstand der geistigen
Elite, und dazu will sich der Herr Antwerpes ja jetzt wohl auch zählen, nähert
sich hiermit der *Behördlich* bornierten
Rechthaberei.
Etwa wie: Am Karfreitag eß ich kein
Fleisch, da eß ich nur Fisch. Als ob der
Fisch dafür nicht auch sterben müßte.
Oder aus der heutigen Zeit: An diesem Tag
bleiben die Theater geschlossen, da geh
ich ins Kino oder schaue Fernsehen. Ich
seh doch *sogern* Reklame. äääää! Na ja,
die Kultur ist im Eimer.
Statt gegen die Theater zu Felde zu ziehen, sollte Herr Antwerpes doch lieber
gegen die Werbewirtschaft etwas unternehmen. Aber dafür ist Herr Antwerpes wohl
zehn Nummern zu klein.

Mit freundlichen Grüßen
Rudolf R.

Kopie an: Bezirksregierung Köln
z.H. Herrn Antwerpes
50606 Köln

Sbr. 18.9.91

Sehr geehrter Herr
Regierungspräsident Antwerpes!
Ich muß Sie loben, weil Sie in »III
nach neun« gesagt haben, »Lassen Sie
Gott aus dem Spiel«, als jemand sagte:
»Gott sei Dank«, wenn dieser auch
antwortete: »Das ist doch nur eine
Redeweise«. Denn im 2. Gebot heißt
es: »Du sollst den Namen Gottes nicht
mißbrauchen, verunehren. Stattdessen
kann man sagen: »Zum Glück« oder
»glücklicherweise« habe ich usw.
Auch das Leider Gottes sollte man sich
abgewöhnen, denn es klingt so, als ob
Gott das Leid schuld wäre. Besser nur
leider.
Frdl. Gruß!
Karl S.

Herrn Reg.Präs. Antwerpes

4000 Düsseldorf

79

Herr Antwerpes es reicht

Heute morgen bin ich auf dem *Schmalen*
Bürgersteig des Adalbertsteinwegs von
einer Türkin auf einem Fahrrad fast über
den Haufen gefahren worden, und dann noch
als Nazischwein bezeichnet worden, ich
bin als älterer deutscher Bürger nicht
gewillt dies weiter hinzunehmen es reicht
Herr Antwerpes, wenn Herr Linden öffentlich auf der Straße als Tuppes bezeichnet
wird, und dies auch noch *lächelnt* zur
kenntniss nimmt, *wo bei* dieser Passant
ja vollkommen im *recht* war Zeitungsaus-
schnitt der Bild liegt bei, was belegt
das ich nicht der einzige bin der diese
Meinung über diesen Trottel von Linden
vertritt, Herr Antwerpes tun Sie etwas,
jagen Sie diesen Idioten zum Teufel,
greiffen Sie ein, ich erwarte eine *ände-
rung* in den nächsten Tagen. Oder *müßen*
wir Bürger zur *Selbshilfe greiffen*, und
die Bürgersteige wieder zu dem machen was
Sie sein sollen, *nähmlich* Bürgersteige
und keine Radrennbahnen, ich werde mir
jedenfalls ab heute zu helfen wissen, und
jeden mit einem Knüppel von seinem Draht-
esel runterschlagen.

Erftstadt d. 19.3.94

Herr
Josef Antwerpes
Regierungspräsident
Fax: 0221/147 3399

Guten Tag Herr Antwerpes,

mein Name ist J., Ursula J.
Wir kennen uns zwar nicht persönlich.
Mein Fax hat folgenden Grund.
Ich bin vor einigen Tagen auf einer Schu-
lung gewesen und habe eine sehr wertvolle
und *Gewinnbringende* Information über Geld
mir beibringen lassen.
Da sind Sie mir spontan eingefallen, weil
ich sicher bin, *das* diese *Gewinnbringende*
Information für Sie *interesant* sein müßte.
Herr Antwerpes, ich möchte Sie und Ihre
Frau gerne besuchen und informieren.
Sie würden dann nach unserem Gespräch
endscheiden iwieweit Sie diese Informa-
tion für sich nutzen möchten.
Wann paßt es Ihnen? Besser *Tagsüber* oder
Abends? Bei Terminangabe bitte die genaue
Anschrift mitteilen, wo ich Sie erreichen
kann.

Vielen Dank für Ihre Mühe.
Mit freundlichem Gruß
Fr. U. J.

Manfred K.
10789 Berlin
7. Okt. '94

Lieber Herr Regierungspräsident Antwerpes,

eine meiner schönsten Rollen in letzter
Zeit, das war die dicke Tabakrolle, die
Sie mir entzückenderweise haben zukommen
lassen.
Ich habe mir für das Ding einen Nachmit-
tag Zeit genommen und es - Ihrer mit guten
Gefühlen gedenkend - friedlich abgebrannt.

Ganz freundliche Grüße
Ihr
Manfred K.

Antwerpes wird adelig!

Fast anderthalb Jahre hatten wir sie vermißt, unsere Rosel W., Kaiserin, Königin und Fürstin zu Waldeck. Und nun machte sie mich darauf aufmerksam, dass weder ich noch mein Bruder (Halbbruder) Gustav Adolf von Schweden Hoheitsrechte haben. Jetzt komme ich auch noch in königlich schwedische Gefilde, ich ahnte schon immer, dass Adel in mir steckt, fragt sich nur welcher. Kaiserin Rosel spricht plötzlich von einem unehelichen Sohn und dass ich Näheres wohl selbst am besten wüsste. Im Übrigen müsse ich sofort gehen – schon wieder. Wenn ich das täte, käme ich ohne Haftstrafe davon, während Norbert Burger für mehrere Jahre ins Zuchthaus müsste. Sie sei nachsichtig wegen der Kinder, die noch einen Vater bräuchten. Ich frage mich, warum Rosel plötzlich Arolsen, auch noch das Schloss, als Adresse ausgibt. Warum kämpft sie dann um den Aufenthalt ihres Mannes in Köln. Ist die Familie zerbrochen? Nichts hört man vom Erbprinzen und seinen Brüdern. Ich mache mir allmählich große Sorgen ...

Rosel W.
Bürgerl. PA: xxx (Chorweiler)
Kaiserin Rosel, Königin Luzia, Fürstin zu
Waldeck
Neuer Wohnsitz: 3548 Arolsen, Schloß
Arolsen

Köln, den 01. Okt. 1992

Herrn
Josef Antwerpes
Regierungspräsident
Zeughausstraße
5000 Köln 1

Herr Antwerpes, ich mache Sie darauf aufmerksam, daß weder Ihr Bruder (Halbbruder)
Gustav Adolf von Schweden noch Sie Hoheitsrechte haben; die Mutter von Ihrem
Halbbruder lebt in Coesfeld (Westf.) und
hat einen unehelichen Sohn weggegeben
bzw. wurde dieser der Königsfamilie ins
Nest gelegt. Näheres wissen Sie wohl
selbst am besten.

Außerordentliche Hoheitsrechte in Köln
hat mein Mann Fürst Wittekind, Kaiser zu
Preußen-Habsburg, *eatc.*

Da Sie die Unverschämtheit hatten, meinem
Mann den Aufenthalt in Köln zu verbieten,
haben Sie zu gehen, und zwar sofort!

Sollten Sie der Aufforderung Folge leisten, kann es sein, daß Sie ohne Haftstrafe
davonkommen, während Norbert Burger für

mehrere Jahre ins Zuchthaus muß. Ich bin
nachsichtig wegen Ihrer Kinder, die den
Vater noch brauchen.

Mit Grüßen
Kaiserin Rosel
Königin Luzia
Fürstin zu Waldeck

Positive Begleiterscheinungen

Viel Ungünstiges haben Sie bisher erfahren müssen: Querulanten haben mich aufs Übelste beschimpft, einige Briefschreiber begnügten sich nicht mit Verbalinjurien, sondern bedrohten mich mit Prügel oder wollten mich nur einfach ins Jenseits befördern.

Doch es gab und gibt auch Menschen, die mir Gutes wünschen – sogar eine steile Karriere. Sie wollten mich abwechselnd zum Minister machen, entweder in Nordrhein-Westfa-

»... dann würde Ordnung in unser Land kommen!«

len oder im Bund, aber es gibt auch Ehepaare wie Heinz und Maria W., die es für besser hielten, mich zum Bundeskanzler zu ernennen, »dann würde Ordnung in unser Land kommen«. Fürwahr bin ich für manche Mitbürger ein Mann, der Recht und Ordnung ins Land bringt. Ich bin tatsächlich ein Freund scharfer Sanktionen – auch gegenüber Verkehrsteilnehmern, halte die deutschen Bußgelder für extrem schlapp und plädiere dafür, dass der Lappen weg ist, wenn man 0,5 Promille getrunken hat. Auch sollte man all denen, die achtlos ihre Kippen, Bierdosen und Gratiszeitungen wegwerfen, gleich mal einen Fünfziger aufbrummen, im Wiederholungsfall dann einen Hunderter, dann werden diese notorischen Schmutzfinken es bald lassen. Zur Not können sie ja den ganzen Mist auch noch selbst aufräumen, und es würde ihnen sicherlich »Spaß« machen, auch noch den Dreck anderer zu fegen. Ich kann mich zum Beispiel furchtbar darüber aufregen, wie unbekümmert vor allem Jugendliche ihre dreckigen Quanten sorglos auf die Polster der gegenüberliegenden Sitzreihen von Bus und Bahn knallen, auf die sich dann andere setzen müssen. Die könnte man gleich auch zum Saubermachen einsetzen.

Doch die Leute, die in mir einen Ordnungsfanatiker sehen, unterschätzen meine Liebe zu Ungeordnetem, allerdings nicht auf Kosten der Mitmenschen. Nähere Ausführungen dazu würden zu weit führen. Ich verweise nur auf das Schlachtfeld, das ich in der Küche nach kreativsten Kochkünsten hinterlasse. Also für Law and Order müssen sich meine Sympathisanten einen anderen aussuchen oder es besser lassen.

Ein Pfarrer bedankt sich im Namen des Kirchenvorstands für meine Hilfe, die der Dringlichkeit der Restaurierungsarbeiten an den Türmen der Pfarrkirche St. Michael diente. Offenkundig sei es mit meiner Nachhilfe gelungen, die anderen beteiligten Behörden in Gang zu setzen. Er wolle mir auch gleichzeitig versprechen, dass in meiner Richtung niemals mehr ein hartes Wort gebraucht werde – es sei denn, die Umstände machten es nötig. Wie milde!

Nun werden Sie erstaunt fragen, was ich mit Kirchtürmen zu tun hatte. Leicht erklärt: Als die Franzosen die Rheinlande besetzten, haben sie nach einigen Jahren nicht nur Kirchen und Klöster eingezogen, sondern auch das Eigentum der weltlichen Herren linksrheinisch. Dafür haben sich eben diese weltlichen Herren, die auch rechtsrheinisch Besitztümer hatten, im »Reichsdeputationshauptschluß von 1803« an kirchlichem Eigentum rechtsrheinisch gütlich getan, d. h. die haben auch die Kirchen »verstaatlicht«. So sind 16 Kirchen im Rechtsrheinischen letztlich an Preußen gefallen. Dafür zahlt bis heute der Nachfolger des Landes Preußen in unserer Gegend, das Land Nordrhein-Westfalen, für die Instandhaltung der Kirchen. Man nennt diese 16 auch Patrimonialkirchen. Der Pfarrer von St. Michael bedankt sich also zu Recht beim zuständigen RP. Der Kirchturm mußte natürlich repariert werden, aber die Vorbereitungen dauerten mir zu lange. So ist das Lob ausnahmsweise angebracht.

Ein Brief aus Bergheim stammt von einem dortigen Dezernenten, nämlich Lothar Theodor Lemper, der das heute nicht mehr ist. Er geht anderen Tätigkeiten nach, hat aber offensichtlich seine grundsolide ironische Ader nicht verloren. Es ging um Einzelentschuldigungen, das sind etwa Entschuldigungen, die den früheren Antritt oder die verspätete Rückkehr von Schülern während der Ferienzeit rechtfertigen sollen. Da wird viel gelogen, und man kann das Ganze als eine schlimme Ausgeburt des Nassauerns betrachten. Der Normalbürger, gesetzestreu, bucht zur Hauptsaison eine teurere Reise, und der Nassauer fährt einfach früher oder kommt später zurück und hat Geld gespart. Da werden Entschuldigungen fabriziert, dass sich die Haare sträuben. Um den Schulleitern keine dramatische Konfliktsituation zu bescheren, kann es durchaus sinnvoll sein, ein paar

Fälle an sich zu ziehen. Ich fand es ausgesprochen wirklichkeitsnah, was sich Herr Lemper als Antwort des Innenministers, wenn er ihn gefragt hätte, ausgedacht hat. Noch besser finde ich seine Feststellung, der Regierungspräsident Köln sei ein mutiger Mann.

Besonders gelobt wurde ich zwei Jahre vor meiner »Demission« von einer Musikgruppe aus Bergheim. Nach der alten Postleitzahl nennt sich die Gruppe 5010 (Bergheim). Sie haben einen Song kreiert, der vorübergehend, aber nur vorübergehend in der Hitliste von Radio Köln stand. Sie haben mich als Supermann, als Kurfürst und so weiter tituliert, aber auch ein wenig Spott ausgeschüttet. Die CD habe ich gleich fünfmal in meiner Sammlung. Wenn ich depressiv bin, lege ich sie auf. Den Text finden Sie auf Seite 93.

Köln, den 6.10.

Sehr geehrter Herr Regierungspräsident!

Daß Sie den Fensterplatz angesagt haben
war schön und auch mal etwas anderes.
Aber als Regierungspräsident möchten wir
nicht auf Sie verzichten, denn wir würden
ohne Sie ein Fiasko erleben.
Für uns könnte es noch besser sein, hätten wir Sie als Bundeskanzler, dann würde
auch mal Ordnung in unser Land kommen.

hochachtend
Heinz und Maria W.

Herrn Regierungspräsidenten
Dr. Franz Josef Antwerpes
Zeughausstraße 4
5000 Köln 1
Köln, am 2. Juli 1991

Sehr geehrter Herr Regierungspräsident!

Nachdem ich Sie neulich persönlich auf die
Dringlichkeit der Restaurierungsarbeiten
an den Türmen der Pfarrkirche St. Michael
aufmerksam gemacht hatte, ist es offenkundig mit Ihrer Nachhilfe gelungen, die
anderen beteiligten Behörden in Gang zu
setzen.
Inzwischen ist der Südturm bereits einge-
rüstet. Sobald das Baugerüst die vorge-
schriebene Außenhaut hat, und die Baufirma
eine ordentliche Baustelle eingerichtet
hat, kann der Spielplatz an der Südseite
der Kirche für die Kinder wieder geöffnet
werden, sodaß das Gejammer über die Sperrung aufhören kann. In der Welt der Tat-
sachen hat sich sowieso kein Mensch an die
polizeilich angeordnete Sperrung gehalten.
Ich darf Ihnen - auch im Namen des Kir-
chenvorstandes - für Ihre Hilfe herz-
lichst danken und gleichzeitig versprechen, daß ich in Ihre Richtung niemals
mehr ein hartes Wort brauchen werde, - es
sei denn, die Umstände machten es nötig.
Dafür werden Sie Verständnis haben.
Ihnen und Ihren Mitarbeitern die besten
Grüße
Ihr
xxx, Pfarrer St. M.

Herrn
Regierungspräsident
Dr. Franz-Josef Antwerpes
Zeughausstraße
5000 Köln 1

5010 Bergheim, den 04.01.1990

Sehr geehrter Herr Regierungspräsident!

In der Veröffentlichung Der Regierungspräsident Köln , März 1981, fand ich eine
sehr schöne Feststellung über die Zuständigkeit von Einzelentschuldigungen, die
ich kopiert diesem Schreiben beilege.
Wenn ich noch Mitglied des Landtages
wäre, würde ich den Innenminister in
einer Kleinen Anfrage um die Beantwor-
tung des Sachverhaltes bitten, in welcher
proportionalen Verteilung der Regierungspräsident Köln Einzelentschuldigungen an
sich gezogen bzw. diese an seine Mitarbeiter delegiert hat.
Wahrscheinlich würde der Innenminister
antworten: Einzelentschuldigungen bzw.
kollektive Entschuldigungen sind ange-
sichts der hohen Leistungsfähigkeit der in
Frage kommenden Behörde seltene Einzel-
fälle. Sofern sie dennoch unvermeidbar
wurden, bestätigt die proportionale Verteilung die hinlänglich bekannte Erkenntnis: Der Regierungspräsident Köln ist ein
mutiger Mann.

Mit den besten Grüssen für das Jahr 1990
Dr. Lothar Theodor L.

Der Antwerpes-Rap der Gruppe 5010

Antwerpes
Sick langer, langer Zick ich weiß nicht wann,
regiert hier im Lande ne Supermann.

Lück hürt uns so wat mer jetzt verzälle,
is et Märche vom Kurfürst he us Kölle.

Ref.: Antw ... w, Antw ... w, Ant Ant werpes, ... || 2 x

Franz Juppes hät en jeder jenannt,
der düurste Verkehrspolizist im Land.

Kontrolliert hä em Nebel op d'r Autobahn,
hält Mama, Papa, Oma, Opa jeden an.

So fuhren mir fünef wie jewöhnlich,
up d'r A 61 von Bergheim nach Türnich.

Der Blinker lings der Motor dröhnt,
Tacho 180, dat Jetriebe stöhnt.

Die Hoore noch ens kurt em Spegel frisiert,
konnte mir nit sinn, was op d'r Stroß passiert.

Ich han et nit, ich han et nit, ich han et nit jesin.

Ref.: Antw ... w, Antw ... w, Ant Ant werpes, ... || 2 x

Jot jetarnt hinger der Nebelwand,
winkt et Jüppchen uns rus en rood Kell in d'r Hand.

Die Verkehrskontroll hätt he jot insziniert,
mir woren sichtlich fasziniert.

Scheinworfer he un Micros do,
Live in Action dat is doch klor.

Dät Antwerpes en Kamera im Nacke,
uns zu 50 Mark verknacke!

Di dip, dip, dip … ah ja,
Di dip, dip, dip.

Hüürt zo mir verzälle he noch en Story,
Franz-Juppes hät en Kölle wie mer weeß kein Lobby.

Denn he mäht nit mit em Kölsche Klüngel,
sondern pack'se am Schlawitsche, stüp se in de Püngel.

Dann weed noch ens jood oven droop jekloop,
Hibe di Hip Hip, Eh Hibe di Hop.

Drum sin se wödisch un stelle op sturr,
Bürgermeister, Stadtdirektor, Prinz un Buur.

Se han de Kööp zusammejesteck
und jejen de leeve Jung jet usjeheck.

Usjeheck? Zusammejesteck?
En Schöp voll Dreck in de Täsch jesteck?

Nä eh Flöjelauto, nä eh Flöjelauto, nä eh Flö, nä eh Flö,
nä eh Flöjelauto, vun H. A. Schult steht op dem Zeughaus-
dach janz us juld.

Ref.: Antw … w, Ant… | | 2 x

Kuurt överlaat, Prozeß jemmat.
Franz-Juppes hät donoh zo jedem jesaat.

Ich kann it nit, Ich kann it nit, Ich kann it nit mih sin.
Ich kann it nit, Ich kann it nit, Ich kann it nit mih sin.

… Pause Break …

Mir maache jetz Schluß, denn wir müsse noh Hus,
doch vürher packe mir noch en Jeheimnis us.

Wenn Naats alles schlööf es unser Juppes no waach,
un klimpt klangheimlich op et Zeughuusdach.

Die Ore die leuchte dann vor unjedult,
su steich hä in et Auto von H. A. Schult.

Et Lenkrad jeschnapp, et bitzje Jaas jejovve,
flüch et Jüpche üvver Kölle und luurt von bovve,
watt all sing Lückcher unge maache,
op se danze, singe, springe oder laache.

Un kütt hä dann irjendwann zom Schloofe,
wisse me janz jenau, Jupp zählt sing Schoofe.

Ref.: Antw … w …. || 3 x

(Sprechgesang ab 3. Ref.)

Jo, jetz is aber Schluß he mit Antwerpes,
Antwerpes he, Antwerpes do,
Antwerpes em Radio, Antwerpes in d'r Zeidung,
jetz kütt d'r auch noch op en Plaat drupp, d'r Antwerpes,
demnächs han ich en em Schloofzimmer hänge üvverm
Bett, ne ich kann it nit me hüüre,
Antwerpes, Franz-Josef.

Dritte Aufforderung zum Verlassen des Amtes

Wieder zogen anderthalb Jahre ins Land, bis sich Rosel W., unsere Kaiserin und Königin, wieder meldete. Ich hätte mich jetzt auf den Terror ihrer Familie in der Höhe von Köln-Ossendorf spezialisiert und gezeigt, dass ich als Mensch und Führungsperson absolut unfähig sei. Wir erfahren auch beiläufig, dass Rosel in der Psychiatrie in Langenfeld war, und das aufgrund falscher Gutachten. Das wusste ich nicht und auch nicht, dass mich Ministerpräsident Rau per 1. Mai 1994 zum zweiten Mal des Amtes verwiesen hatte. Sie hätte mich Teufel bereits zweimal schriftlich – im Amt abgegeben – rausgeschmissen. Dies sei nun ihre dritte Aufforderung. »Verlassen Sie noch heute das Amt und übergeben Sie Schlüssel, Rechte und Unterlagen Ihrem Stellvertreter von der CDU.« Damit aber nicht genug. Kaum bin ich aus dem Amt durch Kaiserin Rosel entfernt, muß ich mich schon zu Hause für die Kripo und Fahndung von Hessen bereithalten, die ihrerseits den dritten Haftbefehl für mich vorliegen haben. Welch eine unwahrscheinliche Synchronisation zwischen Behörden, und das auch noch von zwei Bundesländern. Ich weiß auch gar nicht, was die Kaiserin und Königin ständig mit Hessen hat. Nur weil ihr Geschlecht irgendwo auf Schloß Arolsen wohnen soll, hetzt sie mir dauernd Justizbehörden und Polizei von Hessen auf den Hals. Als ob ich mit den nordrhein-westfälischen Behörden nicht schon genug zu tun hätte ...

Köln, den 06. Mai 1994
Franz Josef Antwerpes
»Regierungspräsident«
Köln, Zeughausstr.

Herr Antwerpes, durch Ihren massiven Terror bei meiner Familie in Köln-Ossendorf
(Peter Sch., Kronprinz zu Waldeck) während des Vierwochen-Aufenthaltes meines
Ehemannes Kaiser u. Fürst zu Waldeck aus
Arolsen (Nordhessen) haben Sie gezeigt,
daß Sie als Mensch u. Führungsperson absolut unfähig sind. Es muß nun festge-
stellt werden, ob Sie zu der Verschwörer-
kette von Siegburg gehören oder ob Sie
für den *Psychiator* und solcher Maßnahmen
für das Hohe Gericht in Den Haag gelten.
Mir jedenfalls dichten Sie Unzurechnungs-
fähigkeit an und haben mit dafür gesorgt,
daß man mich im Jahre 1990 + 1991 in die
Psychiatrie nach Langenfeld bei Düsseldorf untergebracht hat, wo ich gesund
hineinkam u. krank wieder herauskam, weil
man sich an mir zu schaffen gemacht hatte
durch das falsche Gutachten vom Amtsarzt
Dr. R. und Richter R. in Köln – später
kam Richter R. noch hinzu, der gleich-
falls psychischen Terror bei meiner Familie machte u. auch dies nicht unterläßt;
er verbietet mir bzw. uns, daß ich meine
Enkeltöchter besuche, ja sogar mich
fernzuhalten habe und keine Geschenke
zu bringen habe – ähnlich wie Sie.
Herr Ministerpräsident Joh. Rau hat Sie
per 01. Mai 1994 (zum 2. Mal) des Amtes
verwiesen; Sie behaupten nun, daß Sie

unschuldig seien und meine Familie lüge
(Telefonaufnahmebeweise liegen vor) und –
was ganz erstaunlich für mich spricht –
daß ich Sie nur hinausweisen könnte, da
wir in Köln außerordentliche Hoheitsrechte haben.
Ich habe Sie Teufel bereits 2 x schriftlich – im Amt abgegeben – rausgeschmissen! Dieses hier ist meine 3. Aufforderung.
Verlassen Sie noch heute das Amt und
übergeben Sie Schlüssel, Rechte u. Unterlagen Ihrem Stellvertreter von der CDU!!!
Raus mit Ihnen!!
Halten Sie sich zu Hause für die Kripo
und Fahndung von Hessen bereit, die nach
Köln den 3. Haftbefehl für Sie vorliegen
haben.

Gezeichnet:
Kaiserin Rosel
Königin Luzia
Fürstin zu Waldeck
B.P.A. xxxxx (Köln)

Hilfe vom Kurfürst

Drei Beispiele für längere Einsendungen machen deutlich, welche Mühe sich die Verfasser geben, aber auch, welche Hoffnung sie darin setzen, dass der Regierungspräsident ihnen in schier »aussichtsloser« Lage hilft.

Da haben wir den Franz B. aus Leverkusen. Sein ellenlanger Brief wimmelt nur so von Deutschfehlern. Er schreibt wahrscheinlich so wie er spricht, etwa »Paderre« statt »Parterre« oder »Edasche« statt »Etage«. Ohne dass ich es Ihnen übersetzen müßte, wüssten Sie sicher auf Anhieb, was ein »Fiegsierbad« ist oder ein »Schemiezeug«, das »Krepserregent« ist.

Der Mann hat offensichtlich erhebliche Schwierigkeiten mit einem Mitmieter, der angeblich vor Morddrohungen nicht zurückschreckt. Was für den Schreiber noch schlimmer ist: er hat vier Jahre seine »Gadienen« nicht gewaschen. Man kann sich gar nicht vorstellen, dass der Mitmieter sogar ein Jahr früher einen »Uhralten« Ziegelstein in den Mülleimer »Rhein gedann« haben soll. Den hat der Briefeschreiber rausgeholt und zum »Rahthaus« auf die vierte »Itasche« zur »Haubtfersammlung« gebracht. Zudem soll der Mann jeden Tag zu Hause am »Baden« sein, und die anderen müssten dafür das »Wassergelt« zahlen. Der soll doch bei Bayer baden, da baden sich »ziechdausend« Leute.

Diese Probleme zu lösen ist der Herr »Minister Präsident« Antwerpes aufgerufen. Wir sind der Sache nachgegangen. Der Mitmieter soll inzwischen verzogen sein. Aber Sie werden viel Verständnis für die Wut haben, die man gegenüber seinen Nachbarn entwickeln kann, seien es nun Mieter oder gar Hausbesitzer. Da läßt man nichts unversucht, um die schlimmen und »absichtlichen« Fehler und Sünden des anderen gedanklich aufzulisten und sie eines Tages voller Gram entweder einem anderen Nachbarn oder dem »Amt« oder gar der Polizei zu melden. Haben Sie sich, lieber Leser, nicht auch schon mal dabei ertappt, Sanktionen für ungepflegte Gärten, ungeputzte Hausflure, Hundekot an falscher Stelle – Hundekot liegt immer an falscher Stelle – zu fordern, und hat Ihre anfänglich neutrale oder gar positive Einstellung zu Ihrer Wohnumgebung nicht blankem Hass Platz gemacht? Fahren Sie dann besser zur Erholung in Urlaub. Da können Sie wenigstens mit Wildfremden um den schönsten Platz am Strand kämpfen, und Ihr Unmut lohnt sich erst recht, wenn es sich beim Konkurrenten gar um einen Ausländer oder – noch schlimmer für einen eingefleischten Kölner – um einen Düsseldorfer handelt.

Große Mühe macht sich auch ein Anonymus aus Rösrath, der zu der Erkenntnis kommt, das Rösrather Möbelcenter sei die Hochburg der Drogenmafia. Die Versicherungsbetrügerin Marx, Ehefrau von Karl Marx – man höre und staune –, hat danach etwa 1.000 Kilogramm selbst hergestellte und andere Drogen vor der Geschäftstür des Möbelcenters mit Einverständnis des dortigen Geschäftsführers von 8 bis 18.30 Uhr und am »lg. Donnerstag« bis 22 Uhr angeboten. Der Einsender kommt zu der ungeheuren Auffassung, dass ein Großteil der Kunden des Möbelhauses Konsumenten und Dealer sind. Dann werden noch eine Reihe von Adressen mit Straßen und Hausnummern genannt, Gott sei Dank nicht die meiner Schwiegereltern, denn die wohnen ganz in der Nähe des Möbelcenters. Ich fühle mich auch persönlich angegriffen, denn ich bin auch Besucher des Rösrather Möbelcenters und habe dort schon einmal irrtümlich den Notausgang geöffnet (siehe auch Franz Josef Antwerpes: Lösungen für nicht vorhandene Probleme. Köln

Sehr Geehrter Herr Minister Präsident Antwerpes
Wir Familie Bolbecher haben eine große Beschwerde und
zwar der Günter Keller wohnt in der Albert Einstein-Straße 25
Leverkusen Wiersdorf. Und der wohnt Parterre und wir wohnen
in der Ersten Etarche. Und wir haben schon Mindestens 20
Briefe zum Wohnungsamt geschrieben zum Bayer und der
Herr Zipperich ist Vorsitzender von Wohnungsausschus
wir schreiben ihnen die Telefon Nummer auf von Zipperich
0214. / 65721. von Gebäute 4815. Leverkusen.
Der Keller wohnt fast vier Jahre in Leverkusen und seitdem
was er hier wohnt hat noch keinen Keller von ihm auf
geräumt es ist Gas bei ihm ihm Keller es ist eine
Gasheizung drin der Keller ist eine Rumpelkammer
und wenn einmal Feuer Ausspricht wer kommt
dafür auf und das Wohnungsamt schüttel es sich und
weg von sich die wollen alle sich die Hände rein Waschen
und der Keller hat noch nicht in den vier Jahren noch
kein Gardinen gewaschen und noch keine Fenster
geputzt der ist ~~nicht Sch~~) Dreckig und Schmutzig
man muß hier wahrhaftig schämen mit so einen
Schmutzigen Jungesellen zu Wohnen. Wir wollen auch

Deutschland privat – ein Brief aus dem Jahre 1990.

1998). Natürlich ist der Sache trotz stärkster Bedenken nachgegangen worden. Herausgekommen ist dabei nichts. Man
muss sich aber fragen, welches Vergnügen ein Zeitgenosse
daran hat, einen ganzen Ortsteil als Drogenverteilstation zu
bezichtigen, ohne sich auch nur im Geringsten zu erkennen
zu geben. Da kann man sich doch nur noch an den Kopf fassen …

Gerhard G. aus Dortmund schrieb unter dem Betreff: »Teppich, an Palmsonntag ausgerollt, und Karfreitag gekloppt«
eine lange Latte zum Thema Karfreitag. Sie haben ja schon
an anderer Stelle meine Auffassung dazu gelesen (siehe auch
Franz Josef Antwerpes: Zwischen allen Stühlen. Köln 1999).
G. G. verbreitet zunächst die mir völlig unbekannte These,

die Männerfreundschaft zwischen dem evangelischen Bankier Robert Pferdmenges und dem katholischen Bundeskanzler Konrad Adenauer sei das Resultat einer Beschwerde von Pferdmenges wg. Teppichklopfen der Adenauers an Karfreitag. G. G. schlägt dann den weiten Bogen, Pferdmenges habe im Gegensatz zu mir im Bundestag nie gesprochen, schon gar nicht im Rundfunk und Fernsehen wie ich. Der Einsender stammt offensichtlich aus meiner Gegend, dem Niederrhein. Er kennt sogar die Narrenmühle in Dülken. Ich erwähne das besonders, um darauf aufmerksam zu machen, dass ich unlängst dort von der Narrenakademie zum Doktor honoris causa promoviert wurde, eine Ehre, die bislang nur wenigen Narren zuteil wurde.

Kommen wir zurück zum G. G., der das Autofahren an Feiertagen zur wahren Schande zählt »von der Zeugung bis zur Bahre, autofahre«. Was soll man mit einem solchen »Eingesandt« machen? Selbst wenn man die Adresse des Absenders hat, kann man doch nur stille Feiertage eben als weitgehend still empfehlen und versuchen, das mir bis dato unbekannte aber schlaue Argument zu entkräften, die Priester müßten ja auch an stillen Feiertagen arbeiten.

Leverkusen, 22.1.1990.

Sehr *Geehrter* Herr *Minister Präsident*
Antwerpes.

Wir Familie B. hätten eine große
beschwerte und zwar der G.K. wohnt in der
Albert Einstein-Straße 25 Leverkusen
Wiesdorf. Und der wohnt *Paderre* und wir
wohnen in der *Ersten Edasche*. Und wir
haben schon *Miendestens* 20 Briefe zum
Wohnungsamt geschrieben zum Bayer und der
Herr G. ist *Vorsietzender von Wohnungs-*
ausschus wir schreiben *ihnen* die Telefon
Nummer auf von G. 0214/... von *Gebäute*
xxxx, Leverkusen.
Der K. wohnt fast vier Jahre in Leverkusen und *seidem* was er hier wohnt hat noch
keiner Keller von ihm auf geräumt es ist
Gas bei ihm *ihm* Keller es ist eine *Gas-*
heitzung drin der Keller ist eine Rumpelkammer und wenn *einmall* Feuer *Auspricht*
wer kommt dafür auf und das Wohnungsamt
schütelt es sich *weid* weg von sich die
wollen alle sich die Hände rein *Waschen*
und der K. hat noch nicht in den vier
Jahren noch keine *Gadienen* gewaschen und
noch keine Fenster geputzt der ist *Dre-*
ckig und Schmutzig man muß sich hier
wahrhaftig schämen mit so *einen Schmutzi-*
gen Jungesellen zu *Wohnen*. Wir wollen
auch ihnen *Mietteilen der K. hat foriges*
Jahr 1989 einen *Uhralten* Ziegelstein in
Mülleimer Rhein *gedann* den haben wir
rausgeholt aus *den* Mülleimer und haben
den zum *Rahthaus* gebracht auf die vierte

Itasche zu der *Haubtfersammlung* und vierzehn *dage* später hat der K. ein Schreiben bekommen von *den Oberstadtdirecktor von Rahthaus* und da mußte der K. *Antretten zum Radhaus* und wie er nach Hause *kamm* hat der K. Hausfriedensbruch gemacht er hat das *Laut* und deutlich im Treppenhaus gesagt wenn er unseren Sohn *drausen Irgendwo* in die Hände bekommt *schlagt er ihm kabut* das ist *Einwandfrei* eine Morddrohung so was wird von Bayer am Wohnungsamt *Unterstützt* und es ist ihm gesagt worden er soll sich eine Wohnung suchen er ist *Schultig* der muß aus *den Haus rauß* ob er will oder nicht so einen Mörder brauchen wir nicht *ihm aus er at* sich schon genug *Strafpaar* gemacht und er auch schon öfter Bilder gemacht bei ihm in der Wohnung mit *Fiegsierbad* und das *kanze* Treppenhaus Stank *das* man nicht aushalten konnte wir mußten *Leiten* darunter und wenn der unten den Flur putzen *dut dann stienkt das kanze* Treppenhaus das *Schemiezeug ist Krepserregent* und schadet den *kanzen* Körper *weill* man das *Einadmet* der K. hat uns das *Wörtlich* gesagt er bringt sich das von seiner Arbeitsstelle mit und zwar von der *Emaillie* und wir haben auch Lebensmittel im Treppenhaus stehen und dann sollen wir davon *Essen* wir haben das am Wohnungsamt *gemeltet* aber die stören sich nicht daran das ist die *Haubtsache* wenn die ein *dieckes* Gehalt bekommen und *den* kleinen Mann wird nicht mehr geholfen und am Wohnungsamt ist zu uns gesagt worden die

Sauberen sollen *Ausziehen* und der *Schmut-*
ziger Jungeselle soll wohn bleiben *so*
weid sind wir noch nicht *das* der Bayer
von Wohnungsamt uns *Rausschmeißen* will
die können mit uns nicht machen was sie
wollen das geht ja nicht was die sich
erlauben wollen *des wegen* wenden wir zu
ihnen hin *dass* einer *mall* richtig auf-
räumt auf *denWohnungsamt* wir haben eine
große *bitte* an *sie* helfen *sie* uns und
schmeißen *sie* den K. *rauß* der ist *Uner-*
dragbar und so schmutzig ist er und der
K. hat *fersucht* unseren Sohn zu bestechen
mit 100 DM das ist das Letzte von K. man
kann sehen was der Mann für ein *Garakter*
hat das ist *Strafpaar* und der K. ist
bereits bekannt am Gesundheitsamt das
haben wir schriftlich liegen und beim
Stadtdirecktor ist der K. auch schon
bekannt er ist bekannt für Lügen und die
Wahrheit sagt er nicht er streitet alles
ab aber das geht wirklich nicht er ist
groß geworden mit Lügen er ist 48 Jahre
und sein Garten läßt er auch *ferkommen*
was zum Haus zugehört der sieht aus unter
aller Sau das ist sein Garten *Anteill* und
das Wohnungsamt stört sich nicht daran
die lassen es laufen wie es *Läuft* die
Haubtsache ist vom *Wohnungs Amt das* sie
die Miete *kasieren* und wird nichts
gemacht. Wir wollen *ihnen* auch mitteilen
der K. ist jeden Tag zu Hause am *Baden*
und zwar *Morgens auf Andere* Leute *kosten*
das geht ja nicht wir bezahlen für *ihm*
kein *Wassergelt* die Badegelegenheit hat
er beim Bayer da baden sich *ziechdausend*

Leute. Und der K. hat gewohnt in Köln –
Düsseldorf – *Mettman* – Hitdorf – *Mohnheim*
und Leverkusen ist die sechste Wohnung er
ist *über all Rausgeschmießen* worden wegen
Unsauberkeit genau wie hier auch der ist
hier auch *Unsauber das* einen nicht gut
wird sie können sich selber überzeugen
wie es hier aussieht. Bitte eine *rückand-*
wort. Franz B.

Herrn
Regierungspräsidenten
Dr. Antwerpes
Zeughausstrasse 4
50667 Köln

27.1.94

Der Rösrather Möbelcenter ist die Hochburg der Drogenmafia, die hier bereits
seit Jahren ihre kriminellen Geschäfte
abwickelt. Im Umfeld des Möbelhauses sind
die Großdealer in vollem Einsatz im Ver-
trieb von Drogen, Handeln mit Diebes- und
Einbruchsware. Selbst führende Mitarbeiter des Hauses handeln mit Hehlerware
während der regulären Geschäftsstunden.
So hat über ein Jahrzehnt die Großdeale-
rin, Einbrecherin und Versicherungsbetrügerin Marx, Ehefrau v. Karl Marx, einst
wohnhaft in der Bismarckstraße 15, Rös-
rath-Kleineichen, die von denen selbst
hergestellten Drogen, etwa 1000 kg pro
Jahr und auch andere Drogen vor der Ge-
schäftstüre des Möbelcenters in Rösrath
mit Einverständnis des dortigen Geschäftsführers von 8 Uhr bis 18 Uhr 30
und am *Ig*. Donnerstag bis 22 Uhr angeboten, oftmals auch an *Sonn* und Feiertagen.
Die Lagerhalle hinter ihrem Verkaufsplatz
Pkw-Kombi ist vor kurzem abgebrannt. Auch
der Drogenhändler F. mit Frau und Einbre-
cher hat dort seine Drogen und sonstigen
Artikel vor *den* dortigen Haupteingang
angeboten getarnt als der fliegende Blu-
menhändler und Verkäufer. Die unserige

Observierung der Angestellten im Garten-
center des genannten Hauses ergab, daß
hier besonders die Großdealer ihre An-
stellung gefunden haben als Verkäufer und
Parkplatzeinweiser, wo sie aber nicht nur
mit Drogen sondern auch mit Einbruchsware
handeln. So kann man wohl mit Recht
behaupten, daß ein Großteil der Kunden
des Möbelhauses Konsumenten und Dealer
sind, die hier ihren diesbezüglichen
Bedarf eindecken. Die abgestellten Lkws
dienen vielfach auch in der Nacht als
Deponierungsorte, die von der Steinenporz
14, 16, 12 und 15 von Kleineichen aus
beliefert werden rund um die Uhr. Also
unter dem Deckmantel des Möbelverkaufes
werden hier enorme Drogen und Diebesgut-
geschäfte abgewickelt. Sehr aktiv sind
diesbezüglich die Polen, die ihre Fahrzeuge in Kleineichen auf dem Birkenweg
getarnt abstellen und dann mit Diebesgut
auffüllen wie Kühlschränke, Autoradios,
Waschmaschinen, *Fernsehen* und anderem
Einbruchsgut. Vor einem Jahr hatte man
noch kleine Pkw, heute Busse. Dies ist
die Kehrseite des glimmernden, aber doch
nach Kriminalität stinkenden Möbelhauses
und somit ein Fall für die Staatsanwaltschaft. Diesbezüglich ergeht Anzeige an
die Staatsanwaltschaft und Regierungspräsidenten und 1. ***Die Konsumenten,
Großdealer decken ihren Bedarf in den
Drogenhauptdepots in Kleineichen im Non-
nenweg 128, Weißenbroich 5, Bismarckstraße 19, 21, 23, 23A, 38 und Steinenporz 3, 5, 2, 12, 15 14 16.

Gerhard G. (69)
44141 Dortmund den 25.11.95

Herrn Reg.Präs.
Köln Persönlich

Betr.: Teppich, an Palmsonntag ausgerollt, und Karfreitag gekloppt.

Sehr geehrter Herr Präsident

Zufällig schaltete ich die heutige Sen-
dung des DLF erst ganz am Schluß ein und
hörte Sie. Ich dachte, nun käme auch die
Story vom evangelischen Pferdemenges? Er
soll sich doch bei OB Adenauer über das
Teppichklopfen beschwert haben. Der soll
das *Teklo* verboten haben?? Daraus soll
die Männerfreundschaft entstanden sein?
Dr. h.c. A. blieb nicht nur immer auf dem
Teppich, er ging sogar drauf, auf dem *Hl.*
Petersberg. Als Referendar im 2. Bundestag Spätherbst/Frühwinter 54/5 sah ich
Herrn Pferdemenges oft, er sprach andau-
ernd mit irgendwelchen MdB, nur im Plenum
soll er nie gesprochen haben, schon *garnicht* im Rundfunk und Fernsehen, wie Sie.
Mein Urgroßvater Wilhelm B., ein Bauern-
sohn aus Neersen***, sehr katholisch,
lernte während der *3jhrgen* Dienstzeit in
der Reichsfestung Mainz meine reform.
Urgroßmutter kennen. Zur Hochzeit in der
Marktkirche Wiesbaden wurde er exkommuni-
ziert. Er war Rechtsbeistand in Dülken,
er und sein Sohn, der Bruder meiner Groß-
mutter, RA Justizrat Wilhelm B., war

selbstverständlich in der Narrenmühle.
Aber das nutzte *garnichts*, als ich Notar
wurde, schrieb meine Tante: Vater wäre
ja auch gerne (rheinischer) Notar geworden, aber er war ja nicht (alle Kinder
meiner Urgroßeltern waren natürlich
evangelisch) im Zentrum.
Ja, so war das zu Kaisers richtigen
königlichen Zeiten in Preussen. Die Königin Elisabeth wurde mit Päpstl. Dispens
evangelisch, alle Königinnen Bayerns,
ausser der letzten, waren evangelisch,
aber der gemeine Mann flog raus aus Jesu
Christi Haus. Sein bester Freund war
Priester geworden und ließ sich melden***
vor dem Tod. Mein Urgroßvater *liess* fragen, ob er als Priester oder als Freund
komme. Der Freund antwortete, er komme
als Priester, mein Urgroßvater *liess* ihm
bestellen, dann könne er wieder gehen.
Meine Großtante mit ihrem Heidelberger
Katechismus war irgendwie stolz darauf,
na ja, ihr Vater hat bestimmt sehr gelitten. Gloria *** Dülken. (Ich weiß, dass
Sie aus Viersen stammen.)
Wie sagte heute eine junge Frau zu meiner
Frau? Wir gehen heute (mit unserer, d.h.
deren, Tochter,) auf den Weihnachtsmarkt,
morgen, am Totensonntag, ist der doch
geschlossen! Feiertage, alles Unsinn.
Sogar der Papst feiert an Pfingstsonntag,
sagt Pastor H., warum auch nicht, arbeiten doch die Priester und Pfarrer aller
Konfessionen an allen Feiertagen der Kirchen. Die Mehrheit des Volkes dient in
tiefer Gläubigkeit der Volks- Staats- und

Nationalreligionen***, dem AutoFAHREN, an
allen hohen Feiertagen, das *** Com-mer-
cedes. Dies ist m.E. weit schlimmer als
Teppichklopfen am Karfreitag. Man nehme
den gläubigen Autochristen einschließlich
derer vom Kirchenvolksbegehren ihre
Autos, was würde übrig bleiben? Pass
auf , sagte ich zu meiner Frau, gleich
sehen wir in der Tagesschau Willy Brandt,
wie er zu Fuß geht. Und so war es dann
auch, ging er mit Ruth, damals Anfang
1974. Gelernt hat er, haben alle nichts,
sie fuhren und fahren weiter in den
Abgrund, man sehe den ***schadenbericht,
von dem man vor 22 Jahren noch lange
nichts ahnte. Das ist die wahre Feier-
tagsschande der wirklich herrschenden
Religion, der echten am***: *autofahre*,
von der Zeugung bis zur Bahre, *autofahre*.
Wem schreibe ich das, Sie wissen das
genausogut wie ich, nur *** ich, fahren
wir alle nicht, werden nur zu Krüppeln
vermatscht. Unsere Väter vom Jhgg. 96
konnten sich nie kennenlernen, 10 Wochen
Altersunterschied, mein kath. Schwieger-
vater als Radfahrer in München *** einem
US Amokfahrer, mein *** Vater hier auf
unserem Abschnitt Mörderdamm*** in der
»Blutstraße 1« als Fußgänger. Solch eine
Straße haben selbst Sie nicht in Ihrem
Regierungsbezirk, wie unseren Mörderdamm***, auf dem wir gehen *müssen*.

Frohe Feiertage, nichts für ungut. Ihr

Die Personalakte

Wir vermissten Rosel W., die über ein Jahr lang geschwiegen hat. Dann aber meldete sie sich, um sich zu beklagen, dass ich ihrem Ehemann Kaiser und Fürst Wittekind zu Waldeck durch die Polizei den Zutritt zur Stadt Köln verwehrte. Sie stellte dann die verhängnisvolle Frage: »Was denken Sie sich eigentlich dabei, Sie Tünnes?« Ich müsse zum »Psychiator«, solle meine persönlichen Sachen packen und hätte keine »Dienstaufenthaltserlaubnis« mehr, ein Begriff, der auch nach Rückfrage beim zuständigen Innenminister allgemein unbekannt geblieben ist, aber möglicherweise durch meine Erkundigung in absehbarer Zeit eingeführt wird. Die fürstlichen Anwürfe wiederholen sich genauso wie die Unzahl der Titel, die zu behalten kein Mensch mehr in der Lage sein dürfte. Wollte ich der Dame zu Willen sein, müßte ich ständig auf gepackten Koffern sitzen und meine Personalakte würde immer dicker.

Ich habe das Stichwort »Personalakte« nicht uneigennützig erwähnt. Als ich vom Innenminister meine Zurruhesetzungsurkunde in dessen Gemächern empfing, zeigte er mir mit schelmischem Blick einen riesigen Aktenbock und fragte, was das sei. Auf dem Bock standen unzählige Ordner – ungefähr in einer Breite von 1,20 Meter. Ich ahnte es, blieb aber stumm. Das sei meine Personalakte, verkündete der Minister.
»Oh«, sagte ich, »das wird wohl die dickste im Lande sein. Was mögen die Leute alles gesammelt haben?« »Sie ist kom-

plett«, meinte der Minister. »Darf ich mal einen Blick rein-
werfen?« fragte ich. Ich durfte und habe Zeitungsausschnitte
gefunden über Fernsehsendungen, die noch nicht einmal einen dienstlichen Inhalt hatten und keinerlei Tadel über die
Landesregierung und ihre Bediensteten enthielten. Es muss
den Beamten eine Sammelwut bei Nennung meines selte-
nen Namens überkommen sein, die ihresgleichen sucht.
Spätere Generationen müssen die Akten einmal auswerten,
um Material für die teilweise absurden Dienstleistungen zu
erhalten, die unser voriges Jahrhundert prägten. Stellen Sie
sich vor, auch die Briefe der Fürstin hätten noch Eingang in
die Personalakte gefunden. Möglicherweise hat sie auch den
Innenminister angeschrieben, um dort von höchster Stelle
meine Entlassung zu betreiben. Wenn ich Zeit habe, werde
ich nach diesen Beweisstücken suchen. Vielleicht wären sie
auch bei einem Regierungswechsel wie seinerzeit in Bonn
nicht mehr auffindbar gewesen, weil die neue Regierung ein
neues Aktenordnersystem eingeführt hätte, aber es ist gar
nicht zum Regierungswechsel gekommen. Die Akten sind
also mit Sicherheit noch da …

Rosel W.
50765 Köln 71 (Weiler), den 04.08.95

Franz-Josef-Antwerpes
Regierungspräsidium Köln

»Herr« Antwerpes,

mein Ehemann Kaiser und Fürst Wittekind
zu Waldeck hat mehrfach versucht, nach
Köln hineinzukommen, was ihm mittels
Polizeigewalt rundum Köln untersagt wurde
– allerdings höflich mit dem Hinweis, daß
Sie Anweisung gegeben haben, ihn nicht
hineinzulassen.

Was denken Sie sich eigentlich dabei, Sie
Tünnes?

Leben wir hier noch in der Nazizeit oder
sind Sie tatsächlich der Großfürst von
Köln?

Wahrscheinlich sind Sie hier derjenige,
der zum *Psychiator* muß und nicht ich, da
Sie mich überall abwertend als Geistes-
schwache bezeichnen.

Das Maß ist jetzt voll!!

Packen Sie Ihre persönlichen Sachen und
verschwinden Sie jetzt endgültig aus dem
Amt, ehe ich Ihnen den Verfassungsschutz
auf den Hals hetze!

Daß gegen Sie mehrere Verfahren schweben,
dürfte Ihnen zu Ohren gekommen sein -
schon deswegen haben Sie keine Dienstaufenthaltserlaubnis mehr.

Mit Grüßen zeichnet
Rosel, Fürstin zu Waldeck
(und höhere rechtsverbindliche Titel u.
Rechte)

Von Bienenwanderwagen und Familienzwist

Es ist völlig ausgeschlossen, eine größere Systematik für das Sammelsurium von Zuschriften zu installieren. Die Sorgen, Nöte, oder auch nur angeblichen Sorgen und Nöte, sind so vielfältig, dass die menschliche Phantasie kaum ausreicht, sie sich auch nur auszudenken.

Hier wieder einige Beispiele:

Ein Mann aus Eschweiler namens Franz-Josef J. befasst sich als Hobby-Imker mit Bienenzucht. Er hat 10 Völker und hat sich nun entschlossen, in der näheren Umgebung – sprich Eifel – seine Völker auf einem Bienenwanderwagen aufzustellen. Da den Bienen eine Umgebung mit viel Zivilisation zuwider ist, hat sich Franz-Josef J. einen kleinen Traktor mit Anhänger (1,5 Tonnen) angeschafft. In einer Bienenfachzeitschrift (»Die Biene«) hat er dann gelesen, dass erstens Bienenwanderwagen von der Kfz-Steuer befreit sind, aber zweitens eine Ausnahmegenehmigung vom Regierungspräsidenten für sein Gefährt benötigt wird. Jetzt will er eine grüne Nummer haben für sein »Bienenwandergespann«. Wir konnten meinem Namensvetter helfen. Wenn Sie ihn mal in der Eifel bienenwandern sehen, erkennen Sie ihn an dem grünen Kfz-Kennzeichen AC-BIN 10, obwohl er in der Zwischenzeit 13 Völker hinter seinem Traktor herzieht.

Ebenfalls aus der Eifel, aus Hürtgenwald-Gey, erreichte mich ein Brandbrief über die Machenschaften des Hürtgenwaldvereins, der nach Ansicht der Börse Hannover ein

Selbst der Fingerabdruck macht Eindruck — Franz-
Josef Antwerpes mit Willy Millowitsch und dem
Künstler Michael Franck.

rechtsradikaler Verbrecherverein ist. Zumindest bei den Börsen kennt sich der Petent nicht sehr gut aus, denn es gibt gar keine Börse in Hannover. Im Bezug ist dann von Raufhändel seines Bruders Thomas die Rede, dessen von ihm nicht geschiedene Frau nach zwei Wochen Trennung mit einem Rheinländer niedergekommen sei. Das gibt sehr zu denken. Ist es ein Rheinländer, von dem sie das Kind hat, oder ist das Kind ein Rheinländer, was bei Leuten aus Hürtgenwald nahe liegt, denn die Eifeler sind allesamt Rheinländer, auch wenn sie sich von den Niederrheinern stark unterscheiden. Auf den Unterschied will ich hier nicht eingehen, das könnte böses Blut geben. Dem Schreiben ist eine besondere Originalität nicht abzusprechen, sagt es doch viel aus über das Leben in einem Eifeldorf, wo der Einsender eine Freundin namens Helga hat, die Saxophon spielt, Mitglied der Rheinklänge Gey ist, einen Handstandüberschlag kann und in Gey als das beste Pferd im Stall gelten soll. Bevor »gez. B.« den Brief schließt, kündigt er noch an, dass er sich dann ins Bett legen will. Ihm ist alles zuviel, denn schließlich will er noch 30 Jahre leben. Das Ganze endet mit der Bitte um gezielte und wirkungsvolle Hilfe.

Was sollte ich da machen? Einerseits brauchte er Thomas gegen seine Eltern, andererseits schien er Angst zu haben, dass dieser starke Thomas ihm die Freundin wegnimmt, immerhin das beste Pferd im Stall von Gey. Wer begehrt nicht eine Frau mit Handstandüberschlag, die auch noch Saxophon spielen kann? Summa summarum, ich konnte die Probleme in Hürtgenwald nicht lösen, und jedes Schreiben an »gez. B.« würde am Ende die Verhältnisse in der Eifel noch komplizierter machen.

Bodo Edgar S. aus Leverkusen – schon wieder Leverkusen – beschwerte sich brieflich, der Opladener Polizist mit dem Kennzeichen LEV-AZ 220 habe ihn geduzt, außerdem wollte er seinen Namen nicht nennen, der Polizist, und habe gesagt »Mach' hinne!«. Er – der Polizist – sei der deutschen

Sprache nicht mächtig, sicher ein guter Polizist und auch sonst ein mäßiger Denker. Bodo Edgar S. hatte sich an den »Regierungspräses« gewandt, ein Grund mehr, ihm nicht zu antworten. Der eigentliche Grund, dies zu lassen, bestand aber in der Drohung, wenn er nicht innerhalb eines Monats beschieden sei, wolle er dem Polizisten den Ohrring wie einem richtigen Bullen durch die Nase und dann daran durch die Stadt ziehen. Vielleicht hat sich der Polizist gegenüber Bodo nicht ganz korrekt verhalten, vielleicht hat Bodo aber schon beim ersten Anblick des Ordnungshüters Tendenzen zur Ausfälligkeit gehabt, so dass der Polizist glaubte, es mit einem etwas Bekloppten zu tun zu haben. Dennoch ist zu bemängeln, wenn er »Mach' hinne!« gesagt haben soll. Ein rheinischer Polizist, selbst wenn er aus Münster stammt, bedient sich solcher Floskeln nicht. Er würde sagen: »Mach, dat du wegkömmst« oder so.

Im Übrigen ist mit Leverkusener Polizisten nicht immer gut Kirschen essen, vor allem, wenn man eine schlechte Ausgangsposition hat wie ich im Jahre 1978, als ich meinen Antrittsbesuch beim Leverkusener Rat machte und mein Fahrer Josef Schmitz in die Fußgängerzone vor dem Rathaus einbog – dabei murmelnd: Ich hab eine Ausnahmegenehmigung. Wir waren Schritt gefahren, als uns ein unübersehbar kräftiger Polizist anhielt – trotz des Kfz-Kennzeichens K–100. Gleich stürzte sich die ganze Presse auf uns und hatte ihre Gaudi. Der Mann hielt uns leider zu Recht an. Ich habe ihn dann 22 Jahre später – er war schon pensioniert – zu meiner Verabschiedung nach Schloß Morsbroich eingeladen, er hatte noch die Zeitungsausschnitte von damals. Nie mehr bin ich in eine Fußgängerzone gefahren, auch nicht mit Ausnahmegenehmigung.

Eschweiler den 2.7.1993
An den
Regierungspräsident
Franz-Josef Antwerpes

Betr. Bienenwanderwagen

Sehr geehrter Herr Regierungspräsident

Seit einigen Jahren befasse ich mich als
Hobbyimker mit Bienenzucht und Bienen-
haltung. Auf meinem Grundstück am Haus
betreue ich 10 Bienenvölker und bin auch
Mitglied des Bienenzuchtvereins Inden-
Lamersdorf.
In diesem Jahr habe ich mich entschlossen
einige Völker in näherer Umgebung (Eifel)
auf einem geeigneten Bienenwanderwagen
aufzustellen. Um die Völker in geschütz-
ter und für die Bienen angenehmer Umgebung aufzustellen bedarf es *meißt*, in
Gebiete die für einen *P.K.W.* nicht zur
bewältigen sind.
Aus diesem Grunde habe ich mir einen kleinen Traktor mit Anhänger 1,5to der für
diesen Zweck geeignet ist angeschafft. In
der Bienenfachzeitschrift (die Biene) bin
ich dann, was den Bienenwandergefährten
anbetrift auf folgende Zitate gestoßen.
1) Alle Imker sind der Land- und Forst-
wirtschaft angeschlossen
2) Bienenwanderwagen sind von der Kfz-
Steuer befreit (Vorschrift im Verkehrs-
blatt Nr. 23 am 15.1.1949 festgelegt und
heute noch gültig)
3) Die StVZO sieht Ausnahmeregelungen vor

im § 72 die vom zuständigen Regierungspräsidenten genehmigt werden können.
Nun bitte ich Sie höflichst für den guten
Zweck in Sachen Bienen, Natur und Umwelt
daß mir mein Bienenwandergespann mit grü-
ner Nummer zugelassen wird.

Ihrer geschätzten Antwort sehe ich mit
Hoffnung entgegen und verbleibe mit
freundlichen Grüßen
Franz-Josef J.

5165 Hürtgenwald-Gey, den 03.03.90

An den
Rgerieungspräsidentne Köln
Herrn Dr. Franz-Josef Antwerpes
Zeughausstr.
5000 Köln 1

Betr.: Minderleistungen des sog. Hürtgenwaldvereins (e.V. ?), der nach Ansicht
der Börse Hannover ein rechtsradikaler
Verbrecherverein ist
Bezug: Raufhändel meines Bruders Thomas,
dessen von ihm nicht geschiedene Frau
nach zwei Wochen Trennung mit einem
Rheinländer niedergekommen ist

Sehr geehrter Herr *Regeirungspräsident,*

die geschiedene Ehefrau meines jüngsten
Bruders Thomas verlangt angeblich die
Einweisung meines Bruders Thomas in die
Forensik. Mein Bruder Thomas ist sehr
stark und gilt als ehemaliger Schützen-
könig der Ersten Herren. Über den Ver-
lust seines kleinen Sohnes dann auch noch
mit einem »Scharitzen« kommt er nicht
hinweg.
Die *gegenseite* läßt sich dahingehend ein,
Thomas habe schwer überwindbare nationale
Defizite.
Ohne Thomas kann ich mich meiner altern-
den Eltern nicht mehr erwehren. Meine
Eltern arbeiten zwar rund um die Uhr,
unterliegen aber keiner ärztlichen Auf-
sichtspflicht.

Meine Schwägerin ist im 9. Monat, mein
Bruder Thomas ist bei ihr eingebrochen
und hat sich auf Leben und Tod verletzt.
Er wurde in das *Lenderskrankenhaus* ver-
bracht und genäht.
Zwischen meinem Bruder und mir besteht
eine starke Rivalität, was meine Freundin
Helga K. angeht. *Thoms* hat eine Freundin
Britta U. aus Düren. Helga ist *Sxophons-
pilerin*, Mitglied der Rheinklänge Gey,
kann einen Handstand Überschlag und gilt
in ganz Gey als das beste Pferd im Stall.
Britta dürfte ein Fan von Düren 99 sein
und ist aus Niedersachsen.
Thomas Verletzung hat uns eine Ruhepause
von 5 Stunden beschert, da wir in Gey
gegen Ihre B 399 und Ihre K 27 nicht
ankommen. Nach stundenlanger Überbelas-
tung der Nerven kann meine alternde Mutter nicht mehr stehen. Ich lege mich dann
in's Bett, weil ich noch 30 Jahre leben
will. Mit der Bitte um gezielte und wirkungsvolle Hilfe

gez. B.

Bodo Edgar S., Leverkusen

Regierungspräses
Köln

9.10.96

Beschwerde über den Opladener Polizisten
mit der Kfz-Nr. LEV-AZ 220

Während meiner Inhaftierung vom
31.7.-1.8.96 aufgrund eines kriminellen
Haftbefehles des kriminellen Opladener
Amtsrichters Schulze hat mich der o.g.
Polizist geduzt.

Meine Aufforderung, seinen Namen zu
nennen, lehnte er mit den Worten Mach'
hinne! ab.

Der Mann, offensichtlich der deutschen
Sprache nicht ganz mächtig, ist sicher
ein guter Polizist und auch sonst ein
mäßiger Denker.

Sollte ich innerhalb einer Woche den Eingang dieses Schreibens nicht bestätigt
und innerhalb eines Monats den Inhalt
nicht beschieden haben, *wede* ich innerhalb *kürzster* Zeit dem Polizisten den
Ohrring wie einem richtigen Bullen durch
die Nase und daran durch die Stadt ziehen.

Fax an: Bild (0221/xxx) und Express (xxx)

Streit um die Braunkohle

Über ein Jahr hatten wir wieder nichts von Rosel gehört, unserer Kaiserin. Offensichtlich las sie aber sehr intensiv die Gazetten, denn plötzlich nahm sie sich des aktuellen Problems Braunkohletagebau Garzweiler an. Sie wissen, dass ich mit der grünen Umweltministerin Bärbel Höhn darüber in Streit geraten war. Sie wollte den Tagebau nicht, ich wollte ihn, ebenso wie die übrige Landesregierung, soweit das Außenstehende erkennen konnten. Damals konnte ich noch nicht ahnen, wie oft ich im Verlaufe diverser Talkshows Bärbel Höhn als Überraschungsgast serviert bekam. Sie hat sich jeweils auch wacker geschlagen, ihren Standpunkt nicht verändert – im Gegensatz zu den Koalitionsverhandlungen 2000. Im Fernsehen war sie mir immer sympathischer als in ihren Erlassen, aber die haben vermutlich andere für sie entworfen, und was unterschreibt man nicht alles, ohne sich Böses dabei zu denken.

Rosel meinte, ich könne nicht ohne weiteres über die Grundstücke im Braunkohlengebiet verfügen, weil sie ihr gehörten. Ich solle mir das ganze »bruchlandende« Unternehmen noch mal gut überlegen, und ich solle auch an die einfachen hilflosen Familienväter denken, die ich auf die Straße setzen wolle.
Dabei wollte ich gar keine Familienväter auf die Straße setzen, sondern den Braunkohletagebau sichern, von dem hierzulande mehr als 50.000 Menschen leben. Rosel aber wollte mich enteignen, sie beließ es dann aber mit der An-

drohung eines Antrages. Im Übrigen gehört ihr natürlich kein Quadratzentimeter, auch wenn sie sich erstmals mit dem Titel der Großherzogin zu Köln begnügt. Vor knapp 3 Jahren hatte sie sich noch die Kaiserwürde gegönnt. Dafür tituliert sie sich abschließend als Landesfürstin von Hessen. Ich kann die Titel schon gar nicht mehr alle behalten und denke immer an Konsul Weyer, der neuerdings ein Graf von York ist. Adel verpflichtet eben – zu neuen Titeln.

Dabei bin ich vorübergehend auch adelig gewesen. Bei einem Referat in den Niederlanden wurde ich als Prof. Dr. von Antwerpes angekündigt. Ich hatte alle Not, die Zuhörer von meiner trivialen Herkunft zu überzeugen.

Rosel W.
Aufenthalt
Hauptsitz: Schloß Arolsen/Nordhs.
Schloß Brühl

Köln, den 21.10.96
Firma Rhein-Braun
Wesseling b/Köln
üb. Herrn RP Antwerpes

Verbot *Stilllegung* Zeche Victoria Gartz-
weiler bis Kapazitätsende
Neubaumaßnahmenverbot wegen Kron- und
Landrechten (Genehmigung erforderlich)
Genehmigungsverbot wegen Massenentlassun-
gen

Werte Damen und Herren,

die mit Herrn MP Rau (mein Großcousin)
abgesprochenen Maßnahmen und Verträge
sind als nichtig zu erklären, da ich
bereits schon einmal Widerspruch einge-
legt habe.

Projekte dieser Art müssen von uns genehmigt werden, wenngleich die Herren der
Stadt Köln sich einiger Grundstücke
ermächtigt haben, ohne uns zu fragen. Das
kann man doch mit so einer Sache nicht
vergleichen.

Wir haben im Bezirk Köln Landrechte/
Eigentumsrechte und müssen zu solchen
Maßnahmen unsere Genehmigung geben. Ein
Erweiterungsbau mit den gleichen Förde-

rungsmaßnahmen wie die derzeitigen wäre
in unserem Sinne. Bedingung ist jedoch,
daß Arbeitsplätze geschaffen werden.
Aus diesem Grunde haben ja auch unsere
Vorfahren bzw. in diesem Fall meine
Erblasser solche Zechen finanziert.
Unter diesem neuen Gesichtspunkt können
Sie gern mit uns reden bzw. mit der Köl-
ner Führung.

Sie wollen sich da auf etwas einlassen,
was schon arbeitsrechtlich verwerflich
ist, moralisch unter aller Würde! Sie
bringen den ganzen Berufsstand in Verruf!

Sollten Sie dennoch an Ihrem Vorhaben
festhalten wollen, so werden wir gleiche
neue Möglichkeiten schaffen wie die jet-
zigen und Sie voll abhängen. Ihre Leute
werden bis auf die Führung von uns übernommen. Sie müßten dann wegen Arbeits-
kräftemangel dicht machen!

Bitte, überlegen Sie sich das ganze
bruchlandende Unternehmen nochmal gut und
machen Sie die Verträge rückgängig, weil
Sie damit nicht durchkommen. Das OLG vertritt unsere Interessen und erst recht
die der einfachen hilflosen Familienväter, die Sie auf die Straße setzen wollen. Wir können in so einem Fall sogar
einen Enteignungsantrag stellen, und
davon werden wir Gebrauch machen.

Mit Grüßen verbleibt

Rosel, Großherzogin zu Köln
Landesfürstin von Hessen
und höhere Titel und Rechte

Der Einfluss Napoleons

H.-Joachim B. machte mich darauf aufmerksam, dass der
französische Imperator Napoleon am 6.10.1794 die Stadt
Köln eingenommen hat. H.-Joachim wollte einen Lagerplatz
für ein Biwak sowie Gefechtsdarstellungen, sanitäre Möglichkeiten und die Zusicherung zur Müllbeseitigung durch
die Stadtverwaltung. Zudem begehrte er Stroh für das Biwak und Holz. Offensichtlich ist die Stadt Köln auf seine
Vorstellungen nicht eingegangen, obwohl sich H.-J. B. den
Termin im Veranstaltungskalender offen gehalten hatte.
Nunmehr sollte der Regierungspräsident das richten. Der
tat es aber nicht. Wir haben dem Petenten schreiben wollen,
dass kein herausragendes Bedürfnis für die 200-jährige Wie-
derkehr der Einnahme Kölns durch napoleonische Truppen
bestehe. Doch wir hatten keine brauchbare Adresse. Wir
hätten dabei die Verdienste der Franzosen auch entsprechend gewürdigt, etwa das Anlegen von Friedhöfen oder
die Nummerierung der Häuser, wie etwa die des Mülhens-
Parfümeriehauses mit der Nummer 4711. Nicht unerwähnt
wäre aber auch geblieben, dass unsere westlichen Nachbarn
auch Ungutes vollbracht haben. Durch die Enteignung der
Klöster ging der Weinanbau in Köln und anderswo zu-
grunde. Heute haben wir alle Mühe, die alte Tradition wieder fortleben zu lassen – etwa durch den Kleinkölnhausener
Zuckerberg, die berühmte Südlage am Regierungspräsidium, die ich 1981 bepflanzte und die Napoleon vergessen
machen sollte. Da hätte jedes Biwak gestört.

Dass Napoleon ein Diktator war, wissen wir aus der Schule, was aber einen Menschen namens Karl D. D. nicht davon abhielt, mich auch als Diktator zu beschimpfen. Die Gebührenerhöhungen etwa beim Müll ließen ihn jede Vorsicht vergessen. Er verstieg sich zu der Kritzelei auf dem Umschlag, dass es nur ein Ar... geben könnte, aber nicht Antwerpes. Ich möchte Karl D. D. an dieser Stelle zurufen: »Nicht ich bin für Gebührenerhöhungen zuständig, sondern die Franzosen.« Denn die haben Anfang des 19. Jahrhunderts Geld für die Müllbeseitigung genommen. Seitdem sind die Gebühren gestiegen, und man kann mir auch keinen Vorwurf machen, dass man sie heute in D-Mark und nicht in Louisdor bezahlt.

Kaum habe ich Napoleon hinter mir gelassen, macht mich ein anderer Briefschreiber darauf aufmerksam, die Polizei enthielte mir wichtige Abhörkassetten vor, und zwar aus dem Hotel Windsor. Ich solle die Sachen beschlagnahmen lassen. Offensichtlich war der Schreiber ein Gast des Hotels, denn er befürchtete vergiftet zu werden. Die ganze Minibar sei mit Heroin vergiftet. Da fällt mir ein, dass auch Napoleon vergiftet worden sein soll. Bei ihm hat man Arsen in den Haaren gefunden und kein Heroin.

Schließlich meldete sich wieder Karl D.D ... Er hat im Express (Kölner Zeitung) etwas von Prostitution gelesen und zwar von einer Frau, die öffentlich bekannt machte, sie habe am Heiligabend 25 Freier gehabt, wobei man sich natürlich fragt, wie lange bei ihr der Heiligabend gedauert hat. Der Einsender ist deswegen sehr besorgt gewesen, schickte gleich den Zeitungsartikel mit. Die Frau sah ziemlich verhärmt aus, was bei einer so anstrengenden Tätigkeit auch nicht weiter verwundert. Wer will schon auf derart umständliche Weise in das Guiness-Buch der Rekorde? Der Mann berichtete mir, er selbst habe 3 Töchter allein erzogen, und machte mich darauf aufmerksam, ich hätte auch eine junge Frau und eine Tochter. Überdies sehe die junge Frau im Express schon älter aus als meine Frau.

Wir haben aus diversen Gründen auch dieses Schreiben unbeantwortet gelassen. Zwar hat Napoleon meines Wissens auch zur Prostitution sein Scherflein beigetragen, doch wie soll man dem Mann nun schreiben, der wieder keine Adresse hinterließ und sich in seiner Anrede auf »Hallo Antwerpes« beschränkte?

An den
Regierungspräsident
Herrn
Franz Josef Antwerpes
50606 Köln

14.1.94

Sehr geehrter Herr Antwerpes,

wie Sie wissen, wurde die Stadt Köln am 6.10.1794 von den Revolutionstruppen übernommen.

Nun jährt sich dieser Tag zum 200. *male*
Nach einer Anfrage von mir bei der Stadt Köln, ob diese Interesse an einer Zusammenarbeit mit dem Freundeskreis Lebendige Geschichte hätte, habe ich immer noch keine Antwort.

Nun wende ich mich an Sie diesbezüglich. Wir brauchen für eine Veranstaltung folgende Dinge, einen Lagerplatz für ein *Biwack*, sowie *Gefechts darstallungm*, sanitäre Möglichkeiten. Zusicherung der Müllbeseitigung sowie Stroh für das *Biwack* und Holz.

Diese Dinge könnte man in einem Gespräch noch näher erläutern.

Bis jetzt ist es mir möglich gewesen einen *Termi* im Veranstaltungskalender offen zu halten. (7.-9.10.94). Auch das Programm wird von uns erstellt.

Es wäre sehr schade, wenn man diese Gelegenheit verstreichen lassen würde, da der 6.10.1794 ein sehr wichtiges Ereignis für Köln war.

Ich würde mich freuen von Ihnen eine
positive Nachricht zu erhalten.

Mit freundlichen Grüßen
H.-Joachim B.

Köln, den 25.12.96

Hallo, R.P. - Ha, ha, ha!
Frohe Weihnachten und hoffentlich ein für
die Bürger besseres Neues Jahr 1997!

Sie werden mich nicht los, bis Sie endlich aufgeben! Wie kommt es eigentlich,
daß alle höheren Herren in Köln, die doch
von unseren Steuern bezahlt werden,
höhere Posten in irgendwelchen Firmen,
die neu gegründet werden (z.B. Verbren-
nungsanlage, Museen usw.) innehaben?

Sie selbst reden ja nur dauernd in Radio
Köln über irgend einen Blödsinn, denn
Sie müssen ja sicher noch *dazu* verdienen.
- Ich werde nun den Bundesrechnungshof
konsultieren, ob solche Nebentätigkeiten
zulässig sind? - Reden Sie bitte über
alle Gebührenerhöhungen und wie Sie die
alten Bürger ausbeuten!!!
»Diktator von Köln«.
Karl D.D.

Ich selbst bin nun vom Verwaltungsgericht
in Münster als Ehrenrichter ernannt worden.
»Sie kommen sofort unter die Lupe!«
K.D.D.

Ich werde auch noch Radio Köln konsultieren.

Text Umschlag:
Es kann nur ein Ar...-....! geben.

»aber nicht Antwerpes!«
Immer, wenn man Ihnen schreibt, treten
Sie sofort in den Medien auf.
Schlechtes Gewissen??

G. M.   i.A. des Bundespräsid.

Sehr geehrter Herr Antwerpes!

Die Polizei enthält Ihnen wichtige Abhör-
cassetten mit Film vor.
Aus dem Hotel Windsor, von Werth-Str.
36-38 Zi. 13.
Sie müssen es beschlagnahmen lassen.
Sofort!!
Das Hotel Windsor wurde von der Mafia
erpreßt das Wasser des Hotels zu vergif-
ten, damit ich davon trinke. Weiterhin
ist die ganze Minibar mit Heroin vergiftet. Zi. 13
Das Gerichtsmed. Institut präpariert Fla-
schen für viele Hotels in Köln. Der Leiter d. Inst. ist Mafia. In den Kassetten
befindet sich die Lösung. Wenden Sie sich
nach der Beschlagnahmung sofort an das
BKA u.d. Bundespräs.

G.M.

Köln, den 29.12.

Hallo, Antwerpes!

Angeblich oberster Ordnungshüter von
Köln. (Kontrolle von Lastwagen, Gehwegen
und Nachtschwärmern usw.)

Was halten Sie denn von folgenden Bildern
in der Express? Sie sind ja oft genug in
den Medien tätig. — Ich habe drei Töchter
nach dem Tode meiner Gattin alleine erzogen.

Sie haben eine junge Frau und auch, wie
ich glaube, eine Tochter.

Wie kann man so etwas in der Zeitung
bringen? Hier werden doch junge Mädchen,
die keine Arbeit haben, aufgefordert, das
schnelle Geld zu machen. — Es ist traurig
für diese junge Frau, die jetzt schon
älter aussieht, als Ihre Frau!
Warum hier keine Reaktion???

Karl D.D.

Die Fürstin zum Letzten

Das letzte Mal meldete sich Kaiserin Rosel im März 1997. Sie hätte mittlerweile ihren Daueraufenthalt in Köln-Chorweiler genommen, weil das Schloss in Arolsen z.Zt. unter Fremdbesetzung leiden würde. Nunmehr verbietet sie mir Veranstaltungen jeder Art auf Schloss Augustusburg. Ich dürfe auch nicht an Kohl vermieten (Staatsempfänge) und nicht für Privatfeiern (Erstkommunion und Hochzeiten). Da das Schloss für die Großherzogin und Landesfürstin nicht »zugängig« war, sähe sie nicht ein, dass sich jetzt andere Leute darin auslassen würden. Für mich käme keine Feier in Betracht, ich hätte sie schließlich mit Herrn Ruschmeier (damaliger Kölner Oberstadtdirektor) mit Bußgeldern gnadenlos schikaniert. Selbst meine Frau wäre nun plötzlich mitschuldig. Mich würde auch noch die Paxbank anschreiben, weil ich nicht voll zurückgezahlt hätte. Ich frage mich nur, was ich nicht zurückgezahlt habe – etwa die Hypotheken von Schloss Augustusburg?

Rosel ist nicht mehr so originell wie früher. Sie legt sich keine neuen Titel mehr zu, stuft sich selber herunter von der Kölner Kaiserin zur Großherzogin, macht kein neues Faß mehr auf, sondern quengelt wegen irgendwelcher Bußgelder herum.

Am Ende des Briefes heißt es im PS: »Sie können die Unterlagen auch bei meinem Mann im Schloßhotel abgeben, vielleicht ist der gnädiger als ich.« Ich weiß überhaupt nicht, welche Unterlagen ich hereinreichen muß. Vielleicht verrät sie das später – an meinen Nachfolger. Der sollte sich schon mal warm anziehen, wenn es darum geht, die Schlüssel herauszurücken. Im Grunde dürfte der sich gar nicht erst setzen, um immerzu abmarschbereit zu sein. Möglicherweise stellt die Großherzogin die Korrespondenz völlig ein, weil sie gekränkt ist. Warten wir es ab!

Rosel W.
PA: xxx (Köln-Chorw.) Daueraufenthalt
Hauptsitz: Schloß Arolsen/Nordhs. (z. Zt.
Fremdbesetzung)
Schloß Brühl/Köln (Augustusburg) dto.

Köln, den 08. März 1997
Herrn
Franz-Josef Antwerpes
Zeughausstraße 4
50667 Köln 1

Schloß Augustusburg/Brühl – Rückgabe der
Unterlagen
Verbot von Veranstaltungen jeglicher Art
Verbot von Vermietungen an Kohl, Privat-
feiern (Erstkommunion u. Hochzeiten)

Herr Antwerpes,

ich will annehmen, daß Sie nun endgültig
Ihren Platz räumen, wozu Sie mehrfach
aufgefordert wurden.

Hierzu gehört, daß Sie die Unterlagen vom
Schloß Brühl herausgeben und übergeben,
und zwar an Herrn Regierungsrat Müsse,
Exschwager und Onkel meiner Söhne (Bruder
vom Vater Sch.), OLG Köln.

Ob für Erstkommunionfeiern oder Hochzeiten bzw. Empfänge müssen Genehmigungen
von mir eingeholt werden, d. h., wenn ich
sowas genehmige. Ich sehe nicht ein, da
das Schloß für uns bisher nicht zugängig
war, daß sich jetzt andere Leute darin

auslassen. Für Sie kommt schon gar keine
Feier in Betracht, denn Sie und Ruschmeier haben uns gnadenlos schikaniert
über Bußgelder der Stadt Köln, die Sie zu
zahlen haben, und zwar für Ihr unver-
schämtes Verhalten. Sie werden das Buß-
geld in Form von Strafgeld und Haftstrafe
bezahlen müssen – ebenso Ihre werte Gattin, die das hauptsächlich verschuldet
hat mit ihrem *Splin*.

Ich mache Sie ferner darauf aufmerksam,
daß ich auch von Ihnen alle Beträge mit
Zins und Zinseszins zurückverlange – ich
verschenke nur an hilflose Kinder und
alte Leute Gelder, aber nicht an Schma-
rotzer und freche unverschämte Menschen,
die die ganze Verschwörer-Bande ist.

Sie können sich jetzt schon mal Gedanken
machen, wie Sie *ihre* Villa günstig wieder
loswerden, denn die Kosten für den Park
können Sie sich nicht mehr leisten, sondern bestenfalls noch ein kleines Famili-
enhaus. Ich werde mit meinen Widersachern
hart aufrechnen! Die Paxbank wird Sie in
Kürze anschreiben und auch ein Klagever-
fahren gegen alle einleiten, die nicht
voll zurückgezahlt haben. Richten Sie
sich darauf ein!

Mit Grüßen

Rosel, Großherzogin zu Köln

Landesfürstin von Hessen u. Waldeck/Pyr-

mont und höhere Titel u. Rechte neben
Kaiser Wittekind zu Waldeck, Dr. Jurist,
Arolsen, Schloßhotel, *Suit* 206
(Tel.: 05691/xxxx)

Rosel zu Waldeck

P.S.: Sie können die Unterlagen auch bei
meinem Mann im Schloßhotel abgeben –
vielleicht ist der gnädiger als ich.

Kurz und kurios

Nicht vorenthalten will ich Ihnen schließlich noch 4 Briefe, die sich durch ihre besondere Kürze, aber auch durch eine breite Verschiedenheit auszeichnen.

Der erste stammt aus dem Jahre 1993 und möchte Johannes Rau zum Bundespräsidenten machen, was Johannes erst 1999 schaffte. Nach einigen völlig unverständlichen Sätzen kommt Ursula K. zu dem Ergebnis: »Das Leben ist so furchtbar hart. Mein Kölner Enkelkind gedeiht prächtig. Meine persische Freundin kommt zurecht mit ihren drei kleinen Kindern.« Was soll man mit diesen Zeilen anfangen? Ist es der Aufschrei einer gequälten Seele, die aber auch politische Weichenstellungen besorgen möchte, oder setzt man sich einfach hin und schreibt irgendwas, um die Post zu beschäftigen. Ich glaube fest daran, dass die meisten der Briefe, die mich »kurioserweise« erreichten, die Schreiber nach Fertigstellung erleichtert haben, selbst wenn sie tüchtig Unflat verbreiten.

Wenn wir von Erleichterung sprechen, denken wir nicht nur an die Seele, sondern auch an die Toilette. Eine Elisabeth K. teilte mir mit: »Jedesmal wenn ich am Dom die ›Öffendliche Toalette‹ benutze, ärgert es mich.« Sie ärgert sich über den Preis von 45 Pfennigen im Jahre 1987 und weist darauf hin, dass es überall 20 Pfennige koste und endet mit der einleuchtenden Bemerkung: »warum nicht auch da, wo die Masse ja schon den Gewinn bringt«.

Liebe Frau Elisabeth K., die Stadt setzt die Gebühren für die Benutzung selbst fest, und die These, dass nur der Umsatz

den Gewinn bringt, hat schon manche Firma dem Konkurs-
richter zugeführt.

Werner Sch. bittet mich in einem einzigen Satz, im Volksgarten ein FKK-Gebiet zuzulassen. Das ist eine interessante
Idee. Doch wie will man das FKK-Terrain von den übrigen
abgrenzen? Soll ein Zaun darum herum? Das würde Besucher und Anwohner stark stören, es handelt sich schließlich
um eine öffentliche Grünanlage. Soll man auf einen Zaun
verzichten und lediglich Warnhinweise auf 2 Meter hohen
Schildern anbringen: »Sie betreten jetzt FKK-Gebiet. Es ist
verboten, sich hier angezogen aufzuhalten«? Wo deponieren
die Ausgezogenen ihre Kleider? Müssen kleine Kabinen –
verschließbar – aufgestellt werden? Auch die verschandeln
die grüne Natur. Was macht man mit den Leuten, die sich
mit Ferngläsern bewaffnet um das FKK-Gebiet platzieren,
um die körperlichen Vor- und Nachteile der Nudisten zu
studieren? Ist hier nicht ein überproportionaler Einsatz von
Ordnungskräften erforderlich, die vorher noch den Umgang
mit Kleiderlosen üben müssen, da selbige keine Ausweis-
papiere bei sich führen, also nicht identifizierbar sind? Und
wenn man sie dann packt, stellt sich die Frage, wo? Sie sehen
also, wie viele Fragen durch einen einzigen Satz ausgelöst
werden können. So einfach sollte es sich der Briefschreiber
nicht machen. Da müssen auch passable Lösungsvorschläge
her. Ich jedenfalls sehe im Augenblick keine realistische
Chance, im Volksgarten ein FKK-Gebiet zuzulassen.
Wenn der Werner Sch. aber dringend ein solches sucht,
hätte ich einen Vorschlag. Im Decksteiner Weiher gegenüber dem Haus am See gibt es eine Insel. Die könnte man
für ein solches Vorhaben herrichten, aber höchstens für 2
Personen.

Zum guten Ende zitiere ich aus einem Brief, der das Datum
1.1.2000 trägt, also nach meiner Amtszeit geschrieben sein
soll, was natürlich nicht stimmt. Das Datum ist der Ausfluss

einer bösen Schelmerei. Ein Hanns S. wendet sich durch das Datum an meinen Nachfolger und macht die Behörde Regierungspräsidium darauf aufmerksam, dass nach § 17a des Weinbaugesetzes (WBG) von NRW der Anbau von Wein der Qualität »vinum omnino non dulce« innerhalb der Gemarkung Köln nicht gestattet ist. Dieser hochtrabende Satz ist natürlich erlesener Quatsch.

Es gibt kein Weinbaugesetz in NRW. Das deutsche Weingesetz gilt auch für Nordrhein-Westfalen, und die Länder dürfen nur Verordnungen dazu erlassen. Das lateinische Füllsel soll mich nur beleidigen. Es heißt übersetzt etwa »ganz und gar nicht süßer Wein«. Dann fordert dieses Ungeheuer auch noch meine Ex-Behörde auf, meine dort 1981 gepflanzten Rebstöcke unverzüglich zu roden. Ich habe schon genug Ärger mit dem Nachbarn Schäffke, dem Direktor des Stadtmuseums, der ständig seine »Krempelsbude« in Richtung Parkplatz des RP vergrößern will, um noch mehr Krempel unterzubringen, aber auch meinem Wein die Sonne zu nehmen. Zu meinem großen Entsetzen steht mein Nachfolger diesem Begehren auch noch positiv gegenüber, obwohl ich sein Augenzwinkern sehe, denn die Stadt Köln spinnt seit Jahrzehnten von dieser Erweiterung, doch sie hat kein Geld. Sie soll erst einmal die Löcher in den Straßen und Fahrradwegen flicken. Vielleicht brauche ich mir aber keine ganz großen Sorgen zu machen, denn der Schreiber will den neuen Regierungspräsidenten, wenn er nicht rodet, über Martini nach Antwerpen ins Exil schicken. Beachten Sie aber bitte, bei *Ant*werpen muß der Ton immer auf der ersten Silbe liegen, auch bei mir. Näheres dazu entnehmen Sie meiner Autobiographie: Zwischen allen Stühlen. Ungezähmte Erinnerungen eines Regierungspräsidenten (Verlag Kiepenheuer & Witsch, Köln 1999).

Zeughausstraße — Südlage

25-11-93

Sehr geehrter Herr Regierungspräsident!

Ich muß Ihnen etwas schreiben. Ich möchte
gern, daß Johannes Rau Bundespräsident
wird und versuche, das durchzusetzen.
Die schwere Verletzung damals will ich
vergessen. Der Nachbar hätte mir zuhören
müssen.
Sie hören mir auch zu.
Das Leben ist so furchtbar hart.
Mein Kölner Enkelkind gedeiht prächtig.
Meine persische Freundin kommt zurecht
mit ihren drei kleinen Kindern.

Viele liebe Grüße
Ursula K.

Köln den 23.11.87

Lieber Herr Antwerpes!

Ich hoffe bei Ihnen an der richtigen
Stelle zu sein.
Jedesmal wenn ich am Dom die *Öffendliche
Toalette* benutze, ärgert es mich. Man
findet schon *aussen* den Hinweis. Benutzung 45 Pfennige, nichts von 20 Pf. für
die Benutzung. Ich bekomme oft Besuch von
Ausserhalb, die machen mich immer darauf
aufmerksam. Sie finden es nicht richtig
das man so *geteuscht* wird. Es kostet
überall 20 Pf. warum nicht auch da, wo
die Masse ja schon den Gewinn bringt.

Mit *Freundlichen* Grüßen
Elisabeth K.

An den
Regierungspräsidenten
in Köln
2. Sept. 1991

Sehr geehrter Herr Antwerpes,

ich möchte Sie bitten, im Volksgarten ein
FKK-Gebiet zuzulassen.

Ich verbleibe:
Mit freundlichem Gruß
Werner Sch.

50858 Kln, 1.1.2000

Regierungspräsidium Köln
Zeughausstraße
50667 Köln

Sehr geehrte Damen und Herren!

Hiermit mache ich Sie als Bürger dieses
Landes darauf aufmerksam, daß nach Par.
17a des Weinbaugesetzes (WBG) von NRW der
Anbau von Wein der Qualität ›vinum omnino
non dulce‹ innerhalb der Gemarkung Köln
nicht gestattet ist.
Ich muß Sie daher auffordern, die in der
staatlichen Liegenschaft Zeughausstraße
gepflanzten Rebstöcke der *lage* Kleinhau-
sener Zuckerberg aus der mildtätigen
Stiftung des Kurfürsten Franz-Josef I.
von Viersen unverzüglich zu roden. Widri-
genfalls wird der RP (neu) über Martini
hinaus nach Antwerpen ins Exil geschickt.

Mit freundlichen Grüßen
Hanns S.

Zum guten Schluss

Nicht nur der normale Bürger oder auch der eine oder andere Psychopath haben mir geschrieben. Auch das nordrhein-westfälische Landesparlament hat in Ausschuss- und Plenarsitzungen Debatten über mein Amtsverständnis geführt. Es wurden schriftliche »Kleine Anfragen« gestellt, um mein Wesen zu ergründen. Ziemlich regelmäßig forderten die Abgeordneten der CDU meine Abberufung. Die SPD-Parlamentarier äußerten sich in der Öffentlichkeit nie negativ über den Kölner Regierungspräsidenten, was sie aber hinter verschlossenen Türen erörterten oder gar öffentlich dachten, entzieht sich meiner Kenntnis. Ich bin aber sicher, bei den CDU-Anfragen schwang hier und da freundliche Sympathie mit. In den Augen einiger glaubte ich sogar unverhohlene Freude entdeckt zu haben.

Ich war noch kein halbes Jahr im Amt, da kam schon die erste Anfrage von einem CDU-Abgeordneten, der bemängelte, dass ich zusätzliche Unfallversicherungen für Ratsmitglieder abgelehnt hätte. Obwohl mir der Innenminister Recht gab, blieb ein Stachel im Busen dieses Abgeordneten namens Küpper zurück. Im März 1979 sah er den ländlichen Raum in Gefahr, weil ich zusätzliches Geld in die Städte stecken wollte. Der Innenminister solle mich gefälligst anweisen, das zu lassen. Wieder gab der Innenminister mir Recht.

Im Juli 1980 erkundigten sich 3 SPD-Abgeordnete, ob das späte Reagieren des Regierungspräsidenten bei einem Sondermüll-Zwischenlager auf Dienstpflichtverletzungen zurückzuführen sei. Selbst meine eigenen Leute wollten dem total neutralen und objektiven Regierungspräsidenten an den Kragen. Pfui!

Richtig Streit gab es im Januar 1981, als 4 Kölner CDU-Abgeordnete schriftlich anfragten, ob der Antwerpes-Vorwurf richtig sei, dass die Kölner Vertreter im Bezirksplanungsrat sich von Lobbyisten zu einer Politik ohne Realität verleiten ließen. Sie wollten wissen, ob der Regierungspräsident die gebotene politische Rücksichtnahme gewahrt habe. Der hatte natürlich nicht. Das meinte leider auch der Innenminister, der meine Äußerungen für sehr pointiert hielt und eine in der Form zurückhaltendere Kritik als dienlicher wertete.

Im April 1984 – dazwischen lagen wieder zahlreiche unbedeutende Anfragen – bezichtigten mich 4 Abgeordnete aus dem Rhein-Sieg-Kreis, ich hätte in die Finanzhoheit des Kreises eingegriffen und die Kreisumlage einfach gesenkt. Dahinter steckte der damalige Oberkreisdirektor. Der war so kniepig, dass er mir sogar die Zinsen vorrechnete, die bei einer um einen Tag verzögerten Überweisung zu seinen Gunsten zu zahlen seien. Natürlich hat er keine müde Mark bekommen. Bin ich für die Dauer der Bank-Transaktionen zuständig?

Im Juli 1987 wurde im Plenum des Landtags über meine Amtsführung debattiert, ein Vorgang der mir wirklich fehlte. Der damalige Kölner Oberbürgermeister namens Burger (SPD) hatte mir neurotische Streitlust bescheinigt, ich mache die Selbstverwaltung kaputt, sei anmaßend und arrogant, verhohnepipele den Rat. Außerdem soll Burger gesagt haben, er habe mich gelegentlich für andere Posten ins Gespräch gebracht, doch hätten alle erschrocken zurückgezuckt …

Erheblichen Anstoß nahm im Oktober 1990 der Abgeordnete Paus (CDU) an meiner bezirksweiten Autobahnkontrolle. Das bemängelte auch seine Parteikollegin Robels. Während Paus aber noch von einer Sonderaktion sprach, schwafelte Frau Robels bereits von einer spektakulären Großfahndung. Dabei hatte ich lediglich 160 Polizisten eingesetzt, die nachts Alkoholsünder mit Erfolg auffischten. Die Anfragen waren im Grunde nur das Ergebnis der mit der Aktion verbundenen Fernsehinterviews, die die Fragesteller selber gerne gegeben hätten.

Der grüne Abgeordnete Mai stellte eine Anfrage im April 1991. Ich hätte gesagt, die Landesregierung sei bezüglich der Genehmigung neuer Braunkohletagebau vom RWE erpressbar. Wie das denn der Wirtschaftsminister bewerten würde? Der hielt die Landesregierung für nicht erpressbar. Was hätte er auch anderes sagen sollen? Tatsache ist aber, dass es Verhandlungen gegeben hat, bei denen die gegenseitigen Interessen abgeglichen wurden. Wer da zu schnell ja sagt, den kann man flink aufs Kreuz legen …

Antwerpes als Dauerthema im Landtag wurde mir allmählich lästig, weil auch die Landesregierung bei ihren Verteidigungsbemühungen Muskelkater zu bekommen drohte.

In mehreren Ausschüssen beschäftigte sich der Landtag dann noch mit den Kosten für meine 20-jährige Jubiläumsfeier. In der Debatte um etwas mehr als 5.000 Mark, die das Ganze kostete und von denen ich die Hälfte bezahlte, bemühten sich gleich mehrere Abgeordnete, auch die, die selbst bei der Feier waren, aber vor allem die, die ich nicht eingeladen hatte, nicht weil ich ihnen böse war, sondern weil sie mir völlig unbekannt blieben.
Noch fieser ging es bei meiner Wohnung zu, die landeseigen war und verkauft werden sollte. Da regten sich alle Medien auf, und natürlich der Landtag. Angeblich hätte ich eine zu niedrige Miete bezahlt. In Ausschüssen wurde darüber debattiert und ellenlang im Landtag. Endlich glaubten

meine Häscher, mir eins auswischen zu können. Auch die Staatsanwaltschaft ermittelte. Nichts als persönliche Verunglimpfung ist dabei herausgekommen!

Eine der letzten schriftlichen Anfragen im Landtag stammt vom Oktober 1999. Die 5. Frage, gestellt von einem mir völlig unbekannten CDU-Mann namens Bernd Schulte, lautet wörtlich: »Hat die Landesregierung öffentliche Meinungsäußerungen des Kölner Regierungspräsidenten in Amts- und Parteiangelegenheiten, die sich kritisch auf die Landesregierung beziehen oder durch Gebrauch von Fäkalausdrücken die guten Sitten verletzten, jemals disziplinarisch belangt?« Die Antwort der Landesregierung (LR) lautet: »Die LR ist allen Beschwerden gegen Regierungspräsidenten Dr. Antwerpes sorgfältig nachgegangen. Soweit es erforderlich war, hat sie angemessen reagiert.«
Ich kann mich in der Tat nicht beklagen – doch gibt es eine Vielzahl von Reaktionen aus dem Landtag und von den Ministerien, die mich fuchsteufelswild gemacht haben. Offensichtlich geht eine ganze Reihe von Leuten davon aus, dass es besser ist, Schranzen unter sich zu haben als Mitarbeiter, die selbständig denken und handeln. Wir haben genügend Schleimer in unserer Republik, und deren Spuren sind nur schwer aufzuwischen.

Können Sie verstehen, wie gut es mir jetzt geht? Keiner kann mir mehr in die Suppe spucken. Kein kleines Karo oder auch manches große kann mich schriftlich oder auch mündlich auffordern, amtlichen Unsinn zu veranstalten. Ich stehe morgens auf mit dem Gedanken, es gibt auf dieser Welt eine Menge Arschlöcher, aber die sind sozusagen systemimmanent. Man muß sie allerdings von Entscheidungen fern halten, dann läßt sich der Tag gut an, vor allem wenn man nicht mehr so früh aufstehen muss.

Geschafft! Der Regierungspräsident im (Un-)Ruhestand.

Franz-Josef Antwerpes ...

... geboren 1934 in Viersen, SPD-Mitglied, 1961–1968 im Viersener Stadtrat, 1962–1975 in der Stadtverwaltung Duisburg, Landtagsabgeordneter in NRW von 1970–1978, von 1978 bis 1999 Regierungspräsident in Köln, heute tätig als Autor und Moderator (u. a. WDR-Fernsehen – »Talkshow für Genießer«).

Buchveröffentlichungen: »Antworten auf nicht gestellte Fragen« (Köln 1997), »Lösungen für nicht vorhandene Probleme« (Köln 1998), »Zwischen allen Stühlen. Ungezähmte Erinnerungen eines Regierungspräsidenten« (Verlag Kiepenheuer & Witsch, Köln 1999)

Franz-Josef Antwerpes
Zwischen
allen Stühlen

Ungezähmte Erinnerungen eines
Regierungspräsidenten
Gebunden

Streitbar war er zwanzig Jahre lang – Franz-Josef Antwerpes
als Kölner Regierungspräsident. Er zwang die Autofahrer zum
Langsamfahren und reizte das Rote Kreuz sowie manchen
Politiker zur Weißglut.
In seinen Erinnerungen berichtet er humorvoll, meinungsfreu-
dig und mit gekonnten Spitzen nach allen Seiten.

VERLAG
KIEPENHEUER
&WITSCH